产品级敏捷实践

Product-level Agile Practice

○ 徐坤 苏小勇 王燕 等著

西安交通大学出版社
XI'AN JIAOTONG UNIVERSITY PRESS

内容简介

本书主要描述了产品级敏捷软件研发应用上下游协作的基本过程。首先说明产品级敏捷研发的目标——始终以交付价值为标准检验衡量各个阶段活动的意义;其后详细说明产品研发过程中需求、开发、测试、交付的协作过程,其贯穿产品设计、软件设计、质量保证、风险管理、度量分析等各个环节;最后与读者分享产品研发团队文化建设的实践经验总结。

本书由较早实践敏捷模式的优秀产品研发团队编写。在产品研发过程中,他们不断尝试,积累了丰富的经验,对敏捷开发具有更深刻的理解。通过本书,读者可以系统地掌握一套完整的研发流程,在软件研发过程中提高效率,少走弯路。

图书在版编目(CIP)数据

产品级敏捷实践/徐坤等著. —西安:西安交通大学
出版社,2018.5(2024.12 重印)
ISBN 978 - 7 - 5693 - 0592 - 0

Ⅰ.①产… Ⅱ.①徐… Ⅲ.①企业管理－产品管理
Ⅳ.①F273.2

中国版本图书馆 CIP 数据核字(2018)第 087646 号

书　　名	产品级敏捷实践	
著　　者	徐　坤　苏小勇　王　燕　等	
策划编辑	屈晓燕	
文字编辑	季苏平	

出版发行	西安交通大学出版社
	(西安市兴庆南路 1 号　邮政编码 710048)
网　　址	http://www.xjtupress.com
电　　话	(029)82668357　82667874(市场营销中心)
	(029)82668315(总编办)
印　　刷	西安日报社印务中心

开　　本	720 mm×1000 mm　1/16　印张 14.5　字数 216 千字
版次印次	2018 年 6 月第 1 版　2024 年 12 月第 4 次印刷
书　　号	ISBN 978 - 7 - 5693 - 0592 - 0
定　　价	39.00 元

如发现印装质量问题,请与本社市场营销中心联系。
订购热线:(029)82665248　(029)82667874
投稿热线:(029)82668818
读者信箱:lg_book@163.com

序　言

敏捷软件研发理论始于 20 世纪末,并在本世纪初经过实践进一步演进成熟。敏捷研发相较于传统的"瀑布式"软件开发模式,最大的优势就是能够明显缩短交付周期。随着移动互联网、大数据、人工智能和云计算的发展,软件产品对于快速交付的要求越来越高。敏捷研发模式正是适应了时代的要求,支持软件版本的快速迭代、快速演进,因而在软件研发中的应用日趋广泛。

敏捷软件研发模式的实施,起步相对简单,但要真正做好并不容易。首先在理念上,团队要能深入理解并真正接受。敏捷团队强调自组织文化,团队成员如果不理解、缺乏足够热情,是不可能真正做好的。其次,项目在实施过程中,必然会遇到各种实际问题,如何在压力之下避免走形,敏捷模式中的各种实践如何取舍,什么要坚持,什么可以灵活,均是对团队的考验,需要团队持续学习。最后,随着敏捷研发的深入,必须要敢于突破难点,比如 TDD、全流程自动化测试、DevOPS 工具链等等。

本书是由一个优秀的产品研发团队编写的。他们是中兴通讯最早应用敏捷开发模式的一批人。他们完整地经历了整个产品的研发过程,从概念阶段到设计、实现,再到规模商用以及维护阶段。在研发过程中,他们踩过很多坑,有过不少教训,也积累了很多经验,对敏捷有了更多、更深入也更实际的理解。他们把自己多年的敏捷软件开发实践经验,都凝聚在本书的每一个章节中,理论和实践兼有。看完本书,读者基本上就可以搭建一套完整的研发流程了,而且这套流程是经过实践检验过的。

期望本书能够帮助大家在软件研发中提高效率、少走弯路,让软件敏捷起来!

中兴通讯股份有限公司无线研究院副院长　杨日

2017 年 12 月

前　言

为什么写这本书

作为软件行业的从业者,多年以来组织研发过大大小小许多软件产品,在此过程中遇到过很多的困难和问题。为了解决这些问题,我和我的团队不断思考和改进,对软件开发方法进行探索和实践,逐步沉淀和整理出一套有效的产品级敏捷研发方法。

如何快速地高质量地交付用户满意的软件产品?如何缓解市场用户需求变化太快与研发团队交付周期过长之间的矛盾?研发成本持续偏高和交付质量得不到有效保证怎么解决?在传统软件研发方法显然不能适应当今快速变化的市场激烈竞争环境的情况下,有没有更好的软件研发理论?诸多问题困扰着软件研发的管理者和参与者,通过阅读本书,相信不同角色都会有所收获,找到自己心中问题的答案。

在进行细节内容前,有必要让大家了解我引以为豪的团队简况,作为背景信息也有助于读者理解书中的内容。2007 年随着团队研发的网络优化工具的规模应用,团队得到了来自各方面的重视,新需求快速增长,产品研发团队规模也不断增大,很快团队人数就猛增到 200 人。伴随着产品大规模部署以及团队快速膨胀,也出现了很多研发质量和团队管理的问题,团队在各种问题的泥潭中摸爬滚打,很快我们意识到传统的研发模式已经让团队支撑十分困难。2008年底开始产品研发团队引入敏捷研发的概念,敏捷研发理论开始逐步引导团队的研发过程,在适应当时快速增加和变化的市场需求中发挥了积极作用,同时团队不断地学习和实践,逐步形成了指导整个团队前行的产品级敏捷理论体系。

高效的软件研发过程离不开有效的 IT 支撑平台,团队需要一款有效敏捷管理工具,CAP(Cooperative Agile Platform)应运而生。在多名具有高度热情的大牛同事的积极筹备规划之下,利用自己的业余时间,以开源项目的形式,开发出一款功能简单的电子白板管理系统(CAP)并在团队中自发地应用起来，2009 年诞生的 CAP 是当前蓝精灵工作流系统的雏形。随后产品级敏捷逐步运作成熟，系统也从最初简单的电子白板雏形，发展到现在能支撑整个产品级敏捷过程，涵盖了规划、需求、开发、测试、交付、市场应用和应用反馈整个产品级敏捷的多个环节，在产品规划、需求管理、故事设计、开发跟踪、测试管理、版本构建发布、市场应用故障管理、质量管理、价值度量、过程可视化自动化等产品级敏捷的多个实践中发挥着重要作用。如果您的团队还没有一款顺手的兵器，那么我向您推荐此系统——蓝精灵工作系统(Smurf Workflow，SWF)，我的团队已将此系统部署在公开网络上，您可以放心地使用。为了适应更多的团队使用此系统，我们已经添加了完善的权限管理机制，除了你们自己，其他人不会看到你们输入的内容。

2016 年底的一天，我和几位老同事闲谈，我们这些"老家伙们"都觉得有必要对我们的工作进行整理和阶段小结，将这些年的经验整理并分享出来，算是对我们青春的祭奠吧。如果恰巧我们的分享能够帮助到你，那是我们莫大的荣幸！

本书的结构和内容

本书分为 3 大部分：

第 1 部分阐述了产品级敏捷的目标，从持续价值交付到产品价值闭环。

第 2 部分介绍产品研发的全流程，依次回顾了每个环节中，我们关注的原则以及实践过程。大部分实践都可以被单独采用，帮助读者了解如何在研发的各个环节中快速开展活动。

第 3 部分从产品研发的第一要素(人)说起，如何建立学习创新性的团队，如何提高团队成员的积极性，众多团队间如何顺畅地协调沟通。

怎样阅读这本书

可以使用以下三种方式阅读本书：

1.只阅读对你团队有用的部分。从目录中，确定你认为关键的环节，到相应的章节浏览相关的原则与实践，获得你最感兴趣的内容。看看有没有与你遇到同样的问题,有没有陷入同样的误区。

2.阅读与你的角色相应的部分。当然,如果能将与你相互关联的角色的部分也有所了解就更好了。

a.产品经理:阅读第 1 部分和第 2 部分。

b.项目经理:阅读第 1 部分和第 2 部分以及第 3 部分。

c.需求分析人员:阅读第 1 部分和第 2 部分。

d.开发人员:阅读第 2 部分。

e.测试人员:阅读第 2 部分。

f.市场支持人员:阅读第 2 部分。

3.从头到尾阅读本书,尽可能多地了解整体环节。

著　者

2017 年 12 月

3

目　录

第3部分 产品级敏捷组织与协作

第1部分
产品级敏捷目标

第1章

产品级敏捷概述

1.1.1　敏捷开发史

我们谈到软件开发,不得不纪念一下世界上第一位"程序媛"阿达·洛芙莱斯(Ada Lovelace)伯爵夫人(见图 1.1.1)。1842 年,她编写了第一款计算机程序,为程序设计"算法"制作了第一份程序设计流程图。作为计算机程序的创始人,她建立了循环和子程序等现代编程领域极为重要的概念。

图 1.1.1　第一位"程序媛"阿达·洛芙莱斯(Ada Lovelace)

进入 20 世纪六七十年代,软件开始作为一种产品被广泛使用,出现了"软件作坊",专职按他人需求写软件的从业者。但是,随着软件的数量急剧膨胀,软件需求日趋复杂,维护的难度越来越大,开发成本令人吃惊地高,而失败的软件开发项目却屡见不鲜。"软件危机"就这样出现了。

1968 年秋季,NATO(北约)科技委员会召集了近 50 名一流的编程人员、计算机科学家和工业界巨头,讨论和制定摆脱"软件危机"的对策,第一次提出了软件工程(Software Engineering)这个概念。出现最为著名的瀑布式生命周期模型:分析→设计→编码→测试→维护。

1987 年发布了软件过程成熟度框架,并提供了软件过程评估和软件能力评价两种评估方法和软件成熟度提问单。1991 年软件过程成熟度框架进化为软件能力成熟度模型(Capability Maturity Model For Software,简称 SW-CMM),在软件业界发挥了积极作用。但我们所处的时代软件行业迅猛发展超乎所有人的想象,软件需求暴增,同类软件产品竞争异常激烈,项目周期大幅度缩短,仍然被客户认为交付周期太长,而且交付质量频繁遭遇诟病,迅速增加的软件项目研发成本给甲方乙方带来巨大的压力。2002 年出版的《人月神话》中的焦油坑给读者留下的印象十分深刻(见图1.1.2)。

图 1.1.2　焦油坑中的困兽

"史前史中,没有别的场景比巨兽在焦油坑中垂死挣扎的场面更令人震撼,上帝见证恐龙、剑齿虎在焦油中的挣扎。它们挣扎得越是猛烈,焦油缠身越紧,没有任何猛兽足够强壮或具有足够的技巧,能够挣脱束缚,它们最后都沉到了坑底。"

——布鲁克斯

人们在寻找和尝试新的软件开发方法,解决软件界普遍存在的问题。2000 年,ThoughtWorks 启动百人大规模敏捷项目实践。2006 年,ThoughtWorks 公司主办第一届敏捷中国大会,正式在中国推广敏捷方法。敏捷开发方法给软件行业带来新的曙光。

在 2007 年，产品研发团队第一个尝试与探索敏捷开发的团队成立，2008
年敏捷开发团队拓展到多个，参与 Scrum 敏捷开发实践团队总规模达 30 多个。

2009 年形成第一个敏捷迭代开发模型，如图 1.1.3 所示。图中，Sprint 表
示迭代开发周期；S0 是 Sprint0 的意思，简称 S0，即为第一个迭代开发周期之前
的迭代计划阶段；Kick Off 是启动或开工的意思，表示迭代开发正式开始的
时间。

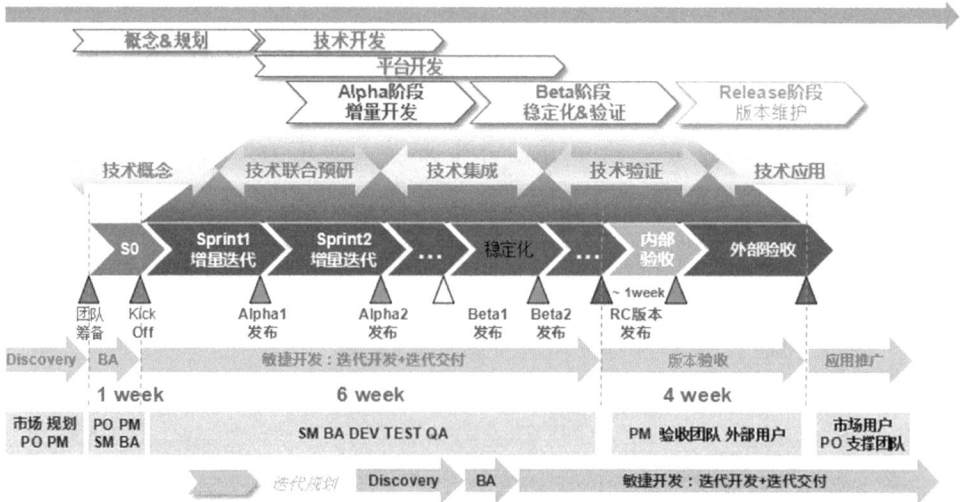

图 1.1.3　迭代开发模型

产品需求来自于客户市场，产品经理（Product Owner/Pruduct Manager）
保持与客户持续沟通，挖掘（Discovery）用户真实需求，根据客户需求来规划
待开发的产品。用户需求明确后规划形成产品研发需求，产品经理与项目经
理（Project Manager）、业务分析师（Business Analyst）、开发负责人（Scrum
Manager）以及开发工程师（Develop Engineer）、测试工程师（Test Engineer）确
定迭代开发和版本交付计划，其中质量保证（QA）人员跟踪交付产品版本的
质量。

在产品版本迭代开发过程中，Alpha 阶段表示需求实现性质的过程，Alpha
阶段结束则表示该版本迭代开发周期内所有已经计划的需求初步实现完成。
Beta 阶段表示产品部件集成稳定化性质的过程，经过反复集成验证测试，促进
产品完善，各方面已达到质量要求可交付的程度。RC（Release Candidate）为产

品交付市场前研发团队的最后一道验证工序,确保重要的交付特性满足客户的需求。在本迭代开发模型中,各个阶段约定的时间周期有个基本的约定,根据需求研发实际情况可以灵活计划和调整。

敏捷软件开发过程中具有代表性的活动有启动会议、迭代开发、每日站会、复盘会议、演示会议、冒烟测试、极限编程、结对开发等,这些具有代表性的活动在敏捷开发过程中得到实践检验并逐渐规范成熟。

2010 年项目级敏捷得到实践和验证,2013 年项目级敏捷开发运作成熟。

产品级敏捷成熟度演进实践如图 1.1.4 所示。图中,HPPD 为高效产品开发流程的缩写;SWF 为蓝精灵工作流电子管理系统;Level 为敏捷成熟度级别。

2015 年底敏捷成熟度 AMM 各项指标评估基本满足,2016 年及之后持续优化改进。

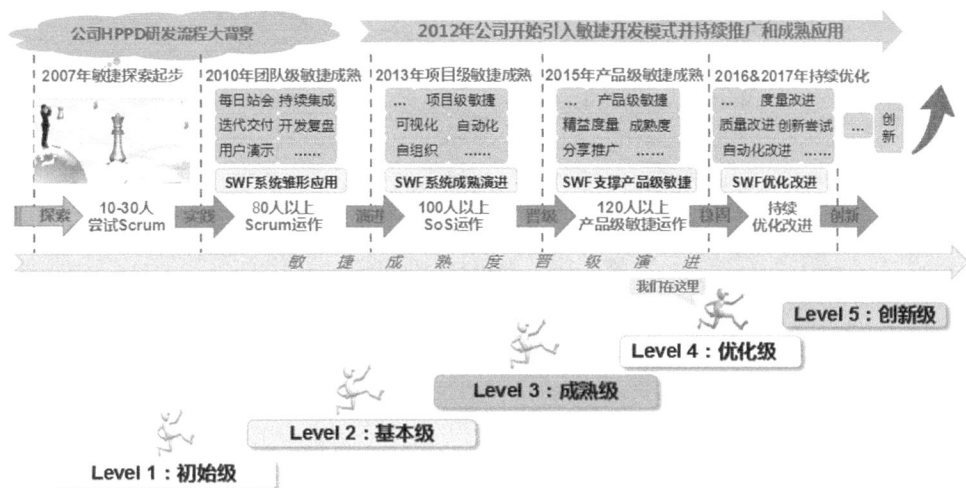

图 1.1.4 产品级敏捷演进实践

1.1.2 敏捷价值观

在本书的开始部分,还是需要重复地强调一下敏捷价值观,它是我们始终坚持进行敏捷开发的前提。

首先,至少需要在意识上认可敏捷开发方法,对比传统软件开发方法,从理论上理解敏捷开发方法更有效,更适合软件业界当今所处的时代。

其次,在传统软件开发方法从业多年的老"程序员"或者软件项目负责人,习惯性会按根深蒂固的传统开发方发和管理方法进行日常研发活动和研发管理,即使在项目中尝试使用敏捷开发方法和管理方法,过程中也会不断对比尝试,项目经理要保证进度,敏捷方法成熟运用需要较长的一个磨合过程。

再次,敏捷方法在项目推行过程中,涉及项目组织结构调整、角色工作内容变化,协作方式和交付成果需要重新定义等,上下游真正做到顺利成熟地运用敏捷方法,也是需要一个较长时间的调整周期。

相比传统软件开发方法,敏捷开发方法的核心价值观如图 1.1.5 所示。

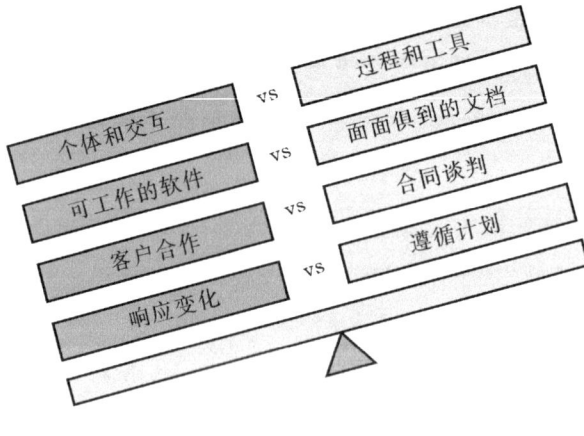

图 1.1.5　敏捷核心价值观

虽然右项也有价值,但是我们认为左项有更大的价值。

下面对敏捷核心价值观做简要补充说明。

1. 个体与互动高于流程和工具

这意味着虽然流程和工具重要(尤其是大型组织),但是它们无法替换有能力的个体和高效的互动。个体的技能和他们之间的互动才是最关键的。

- 当我们开发产品、解决问题或改进工作方式时,我们要寻找改进互动和提高能力的方法。
- 在项目期间,产品管理和开发团队必须在一起工作。
- 在项目期间,架构师、设计师和测试人员必须每天在一起工作。
- 面对面沟通是极其重要的,它不能被其他形式完全替换。

2. 工作的软件高于详尽的文档

这意味着已集成、已测试、潜在准备发布的产品才是关键度量,它能够有效地跟踪项目进度和对发布做出决策。

- 要以小步增量的方式构建产品:做一些分析、设计,然后开始编码和测试以验证设计。
- 设计需要做,比如敏捷建模工作坊(设计与文档不一样)。如果需要传递信息给客户、维护工作的人员,简易文档还是必要的。
- 好架构是持续开发产品的关键,架构是设计出来的,建立一个可实现的简单架构是持续化开发的第一步。随着时间的推移,架构会演进,所以持续追求卓越技术和好设计能够增强产品敏捷性。

3. 客户合作高于合同谈判

这意味着我们应该超越谈判并尝试提升与客户的合作。我们还应该建立以合作为基础的关系,而不是靠公司内的正式接口。

- 在实践中,意味着产品经理、市场或销售人员在产品开发期间要经常从客户那里请求反馈并排列优先级。
- 在与我们自己的业务方合作中,我们应该寻找开发期间增进和改善合作的方法。
- 产品管理和开发应该密切合作,而不是通过契约或手续。

4. 响应变化高于遵循计划

这意味着欢迎需求变化,哪怕是开发后期。

- 首先,预先知道所有需求是不可能的。每个项目都会有浮现和继承的需求。
- 如果我们对客户需求变更做得好,我们就会增强客户的竞争优势,还有我们自己。
- 为了鼓励响应变化并使其更容易操作,需要建立流程和工作方式。承认计划的不确定性。
- 计划是必要的,但计划必须适应变化:我们需要持续调整计划。前期花很长时间制定详尽的计划的结果会导致大量的返工。同时,我们需要有足够的计划水平来评估业务需求和对其长期影响的判断。这是一种平衡的艺术。

1.1.3　敏捷十二原则

基于敏捷核心价值观,我们在敏捷开发实践过程遵循十二个敏捷开发基本原则,在新员工加入我们团队时,敏捷核心价值观和敏捷十二个基本原则是必修内容。下面列出敏捷开发十二个基本原则,不做展开逐个解释说明,了解后需要在敏捷开发具体实践过程中慢慢体会。

(1)我们最重要的目标,是通过持续不断地及早交付有价值的软件使客户满意。

(2)欣然面对需求变化,即使在开发后期也一样。为了客户的竞争优势,敏捷过程掌控变化。

(3)经常地交付可工作的软件,相隔几星期或一两个月,倾向于采取较短的周期。

(4)业务人员和开发人员必须相互合作,项目中的每一天都不例外。

(5)激发个体的斗志,以他们为核心搭建项目。提供所需的环境和支援,辅以信任,从而达成目标。

(6)不论团队内外,传递信息效果最好,效率也最高的方式是面对面的交谈。

(7)可工作的软件是进度的首要度量标准。

(8)敏捷过程倡导可持续开发。责任人、开发人员和用户要能够共同维持其步调稳定延续。

(9)坚持不懈地追求技术卓越和良好设计,敏捷能力由此增强。

(10)以简洁为本,它是极力减少不必要工作量的艺术。

(11)最好的架构、需求和设计出自自组织团队。

(12)团队定期地反思如何能提高成效,并依此调整自身的举止表现。

1.1.4　产品级敏捷过程

本书内容以产品级敏捷实践为目标范围,涉及软件产品的需求、规划、研发、交付、运维以及产品应用反馈等各个环节。

客户提出产品需求愿景,产品规划组与客户沟通将部分需求明确分阶段规划;产品规划组将明确的阶段需求下达给项目研发团队;项目团队经过需求分析、方案设计、项目计划等,进入开发实现阶段;软件产品开发完毕进入验收发布阶段,经过测试验证满足客户需求之后,则交付客户上线实际使用;产品经过市场运行,会反馈新的需求和改进性需求进入下一个新功能规划开发发布的循环,持续演进推进产品升级完善。图1.1.6简要描述产品规划研发交付应用的整个流程。

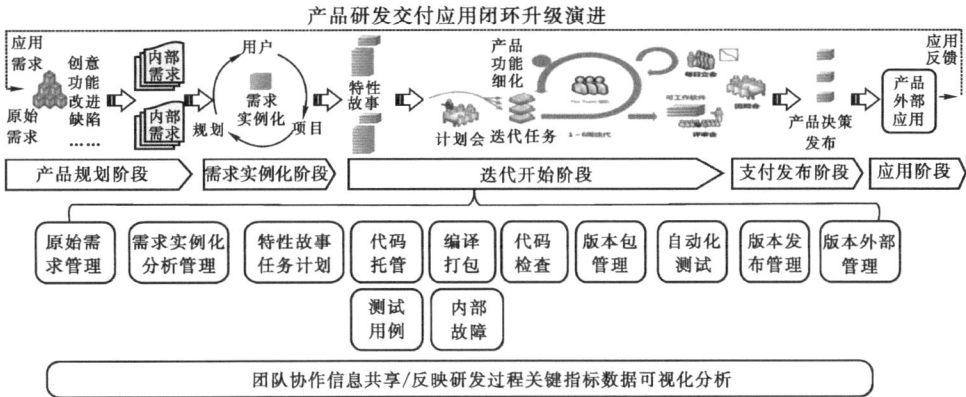

图 1.1.6　产品级敏捷研发应用闭环流程

产品级敏捷实践涉及产品规划阶段、需求实例化阶段、迭代开发阶段、交付发布阶段和产品应用阶段,下面对各个阶段做简要特征性质的说明,在后面章节再做详细具体实践说明。

1. 产品规划阶段

产品规划阶段的工作由产品规划组主要负责完成,在整个产品级敏捷流程中衔接客户市场需求和项目研发团队,负责将客户需求或者愿景明确成产品需求,并在产品研发交付过程中确认最终交付的满足客户要求。

2. 需求实例化阶段

需求实例化阶段将客户需求分析分解到项目团队可以开发实现的程度,其中包括需求沟通、方案设计、风险评估、资源配置、开发交付计划等,需要客户、规划组、项目组和验收交付组分层级参与。需求实例化完成后,输出的成果可以指导开发团队进行迭代开发实现。

3. 迭代开发阶段

进入迭代开发阶段时,需求已经分解成可以实施的特性,开发团队进一步细分为个人可以开发实现的用户故事和具体任务，按照迭代计划有序地开发实现。迭代开发过程中，将开发团队认为已经实现的特性给客户或者客户代表演示，通过迭代开发中的及时反馈减少后期交付风险。

4. 交付发布阶段

当项目团队将客户功能需求开发实现完成后，交付给内部验收和外部验收组进行验证验收并输出验证报告。验收验证过程中发现的问题反馈给项目开发团队进行完善后再次验证。验收验证完毕后，由客户、规划组、研发组、验收验证组一起分析决策对市场发布。

5. 市场应用阶段

产品发布到市场用户进行部署使用，需要市场组配合支持客户正式应用，反馈软件产品中存在的问题和收集用户的改进需求和新增需求信息。

第 2 章

产品价值交付

1.2.1　产品价值

随着软件行业的不断发展,敏捷开发已经成为一种趋势和潮流,开发从业者、项目管理者等,从早期的功能为主的软件开发,变得更加关注用户体验,用户对软件的直观感受和使用需求。软件持续价值交付逐渐沉淀为以用户价值理论为指导的价值交付。

什么是用户价值?

自从哈佛大学波特教授(Michael Eugene Porter)提出的竞争优势思想得到学术界和企业界的广泛认同后,人们开始为寻求可持续竞争优势进行了积极的尝试与探索。学者们从价值链管理、质量管理、组织与过程再造、企业文化、裁员等多方面来阐述企业应当如何建立竞争优势,但是这些努力的根本都在于组织内部的改进,而当这些努力不以市场为导向时,其产品和服务很难被用户所认同,也就无法建立起企业真正的竞争优势。当企业家们指向企业内部改进的探索并没有获得想象中的成功时,人们开始转向企业外部的市场,即从用户角度出发来寻求竞争优势。Woodruff 提出,企业只有提供比其他竞争者更多的价值给客户,即优异的客户价值,才能保留并造就忠诚的客户,从而在竞争中立于不败之地。正因如此,客户价值已成为理论界和企业界共同关注的焦点,被视为竞争优势的新来源。

后续随着概念的不断演进,抽象出以下一个概念,即:

用户价值理论是指,用户所能感知到的利得与其在获取产品或服务中所付出的成本进行权衡后对产品或服务效用的整体评价。

从这个概念的定义中,我们不难看出,用户价值具有以下 3 个特点:

用户价值是用户对产品或服务的一种感知,是与产品和服务相挂钩的,它基于用户的个人主观判断。

用户感知价值的核心是用户所获得的感知利益与因获得和享用该产品或服务而付出的感知代价之间的权衡(trade-off),即利得与利失之间的权衡。

用户价值是从产品属性、属性效用到期望的结果,再到客户所期望的目标,具有层次性。

针对这 3 个基本特点,在产品敏捷开发中应尽量把握住以上 3 点要素进行流程优化、角色分配、关键点管理等设计,通过流程化设计使软件交付时满足客户价值,并且完成持续价值交付这一时代所需的必要能力。

我们说到产品价值交付,首先要有甲方和乙方两个商业行为主体来区分客户和产品研发公司。对于产品研发公司内部来说,产品研发团队更适合乙方的称呼(见图1.2.1)。

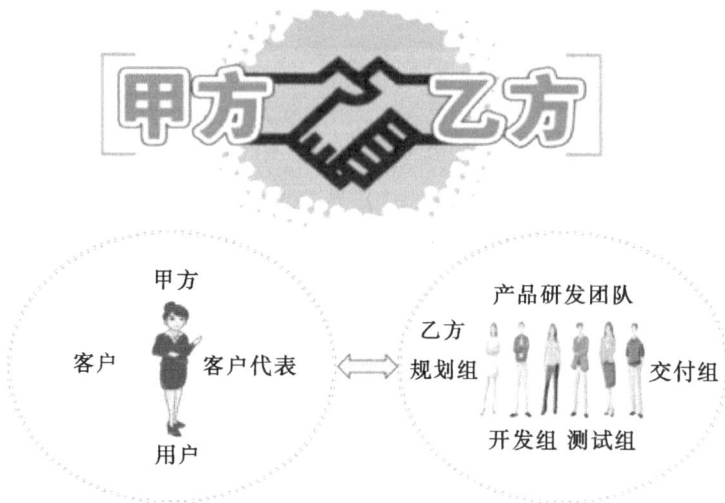

图 1.2.1 甲方和乙方关系

产品价值就是乙方交付给甲方的产品满足甲方需求并能在产品市场应用中给甲方带来收益,即产品价值最终通过产品销售盈利来体现。

对于客户(甲方)来说,产品研发团队将开发完成的产品交付给客户时,并不能给客户带来真实的价值,此时该产品不能盈利,其价值还无法体现。只有当产品应用到市场,签订销售合同并收到合同款项,扣除投入成本和费用得到的结余金额的时候才能算作收益,也就是产品价值得到体现。在这之前所有阶段性成果都只能算作产品价值预期,或者是价值构想。

对于产品研发公司(乙方)或产品研发团队来说,当乙方客户收到甲方按合同支付的产品销售款项,产品真实价值得到体现。客户可能前期支付部分款项作为乙方运作资金,最终产品按合同要求验收交付完成后支付完全部款项(见图 1.2.2)。

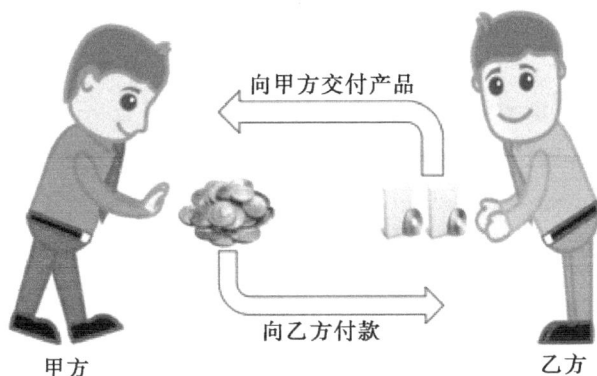

图 1.2.2　甲方付款和乙方交付产品

真实意义上的产品价值在产品研发交付过程中作为最终价值目标和标准,指导整个产品研发交付流程中各个阶段的具体活动和行为。换而言之,在产品研发交付过程中,产品研发交付团队中各个角色所做的任何事情都要以产品最终价值为导向,是否能够让甲方愿意支付更多的"钱"作为产品研发交付活动价值的最高检验标准。

1.2.2　价值分解

产品价值最终通过产品收益来体现,在最终收益获得之前,所有认为有价值的阶段性输出成果物被认为是与真实价值等价的价值期望或者价值愿景,我们也同等地视它们为分解的价值体现。

在产品需求规划、设计、开发、验收和交付各个环节的交付成果物作为价值载体,上下游衔接传递,方便价值识别和价值鉴定,环环相扣相互影响,确保产品价值交付按项目化运作,有机协同,最终以交付的完整产品为价值代表实现最终客户价值(见图 1.2.3)。

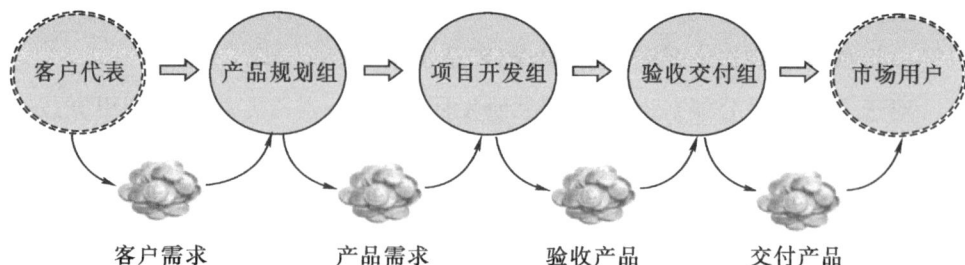

图 1.2.3　主要阶段交付成果

　　客户需求:客户或者客户代表将最初的客户需求正式提交给产品规划组,它代表着价值的最原始状态,有可能是个想法,有可能是个较明确的场景等,客户与规划组共同沟通客户需求,分析达到相对明确的程度,确定需求优先级和交付时间节点以及初步风险评估。

　　产品需求:产品规划组对客户需求进行初步沟通,制订交付里程碑计划,达到能够让项目开发组进行设计开发的程度。

　　验收产品:项目开发团队根据产品需求,与规划组一起经过需求实例化分析沟通计划,分阶段迭代开发完成需求开发实现和项目团队内部测试,按计划节点交付项目开发团队认为可进入市场的产品版本,由验收交付组对产品进行不同场景的功能验证。

　　交付产品:验收交付组对项目开发团队交付的产品版本按功能进行系统验证后,根据验证结果决策该版本是否可以向市场发布。当决策结果可对外部市场发布后,由交付组正式对外发布市场商用版本,即产品正式对外交付。

　　本书侧重于描述产品研发交付环节的产品级敏捷实践,识别分析产品研发交付应用各个阶段的价值是说明的重点。我们认为能带来收益或者能使收益增加的活动是包含价值较高的活动,反之,无效、浪费、低效等行为我们认为是负价值行为。

　　产品价值交付除了分解为客户需求、产品需求、验收产品、产品交付几个大的阶段分类之外,在各个阶段价值交付进一步细分和再细分,即交付价值分层,方便对产品交付价值与各个阶段和子阶段、环节和子环节,与产品研发交付上下游协作一一对应。

1.2.2.1　需求获取

产品规划阶段由产品经理组织前期的产品需求获取,寻找目标和潜在客户,从市场客户挖掘产品需求,我们认为获取到的产品需求就是产品价值的一种形式。

产品需求表现为多种形态,有客户原始需求、公司战略需求、竞争产品需求、市场改进需求、合作关联项目需求、创新需求、项目内部需求等(见图 1.2.4)。不同产品项目背景不同和所处阶段不同,需求来源也不同。

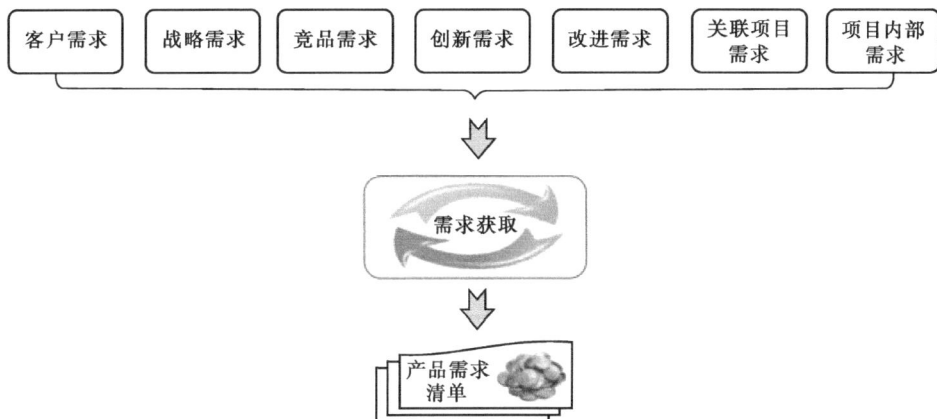

图 1.2.4　产品需求获取

产品经理和产品规划团队获取需求和评估不同来源需求的潜在价值,输出的产品需求清单凝聚产品经理和产品规划团队及干系人的劳动成果,是产品价值形成过程中的一种价值载体和表现形式,它作为下游产品研发的输入条件。

1.2.2.2　产品规划

产品需求获取之后,形成产品需求清单,需要经过规划团队进行分析、沟通、评估、计划和立项等,例如哪些需求在哪个子产品中实现、产品交付里程碑是什么、哪些需求先完成、阶段交付哪些需求、产品研发人力规划配置、研发设备资源计划、研发和验证交付风险评估及风险控制、研发成本评估、质量目标等等需要明确。

产品规划完成后,产品项目需求 PB 表、人力配置、设备资源、风险评估、交付计划、质量目标、验证计划、市场推广计划等形成文档,在立项流程中完成和归档。

获取到确定的产品需求之后,产品规划团队组织产品研发计划和应用推广计划,输出载体以文档形式呈现,包含产品研发任务书、需求说明书和产品研发计划书(见图1.2.5)。

产品研发任务书以书面形式确定产品研发人员角色配置、研发交付内容、资金成本、质量目标和交付里程碑计划。需求说明书对待交付产品功能性能进行说明,包含需求背景、应用场景、功能性能描述、优先级、交付期望时间、验收说明等。产品研发计划书包含市场评估、产品总体方案、产品开发交付计划、人力资源配置、研发设备配置、资金计划、研发管理方法、竞情分析、质量目标管理、产品验证计划、产品应用推广计划、风险识别和风险控制等等(见图1.2.5)。

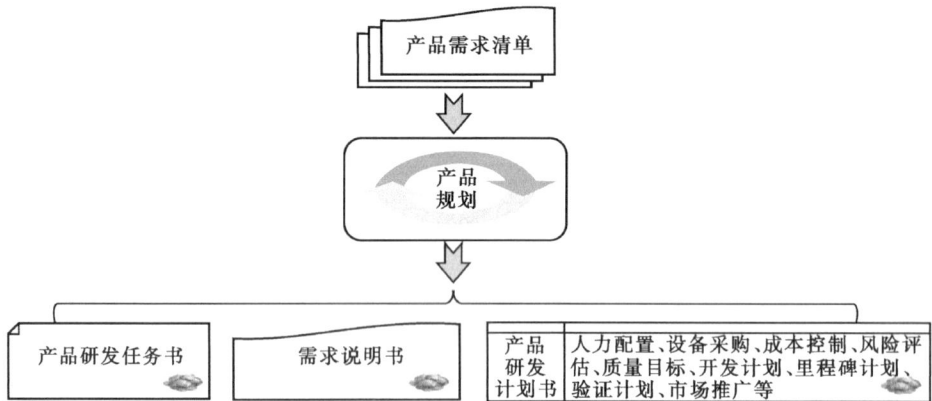

图 1.2.5　产品规划

1.2.2.3　需求实例化

产品规划完成有了整体粗略的交付里程碑计划并且需求范围已经确定之后,进入需求实例化阶段,由规划组、业务分析师、方案设计师、项目经理、测试经理、验收交付组甚至用户和客户共同参与,将需求进一步分解成可以由开发组开发实现的程度。根据实际情况进行方案设计和原型设计,制订迭代开发计划分阶段交付功能特性,配置开发人力角色,测试验证计划和交付计划等。典型的输出成果物有 Release 迭代开发计划、迭代开发人力角色配置计划、实例化之后的功能特性清单、开发风险和规避风险措施、测试和验证计划。

需求实例化完成典型的输出成果物有待开发特性清单、人力角色配置计划、迭代开发计划、验证交付计划(见图 1.2.6)。

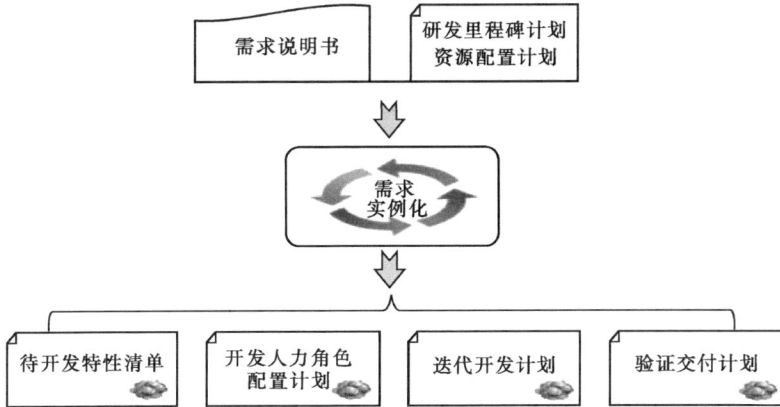

图 1.2.6　需求实例化

1.2.2.4　迭代开发

需求实例化之后，产品需求被细化为开发团队可开发实施的待开发特性清单，由开发团队业务分析师（Business Analysit, BA）进一步细化分解成单个开发人员能够进行开发实现的用户故事。部分优先级高或者需要提前完成的基础性用户故事可以优先实施，比如环境准备、技术研究、基本功能框架等，根据实际情况优先实施后为后面故事开发完成奠定基础。

迭代开发的输入条件是待开发特性清单、迭代开发计划和迭代交付计划（见图 1.2.7）。

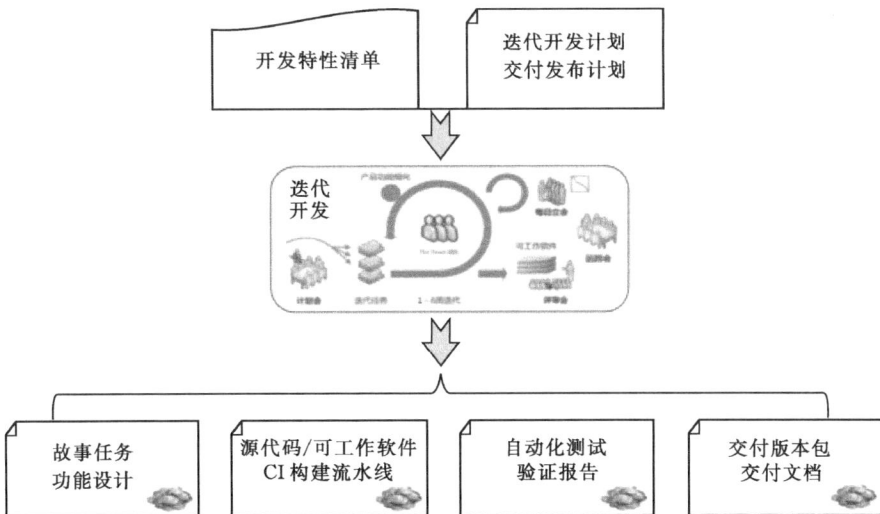

图 1.2.7　迭代开发

　　迭代开发过程有典型的迭代计划会议、重要功能方案设计和 UX 设计、故事拆分评估、故事开发、代码走查、功能用户演示、每日站会、复盘回顾会议、评审会议、功能性能测试方案设计、测试用例开发、自动化测试开发、持续构建开发等。迭代开发典型输出成果有故事任务清单、方案设计文档、UX 设计文档、测试方案文档、源代码、构建流水线、可工作软件包、自动化测试用例、功能性能测试用例、交付版本包、交付文档等。

　　迭代开发过程中交付的价值,其中故事任务、设计文档、构建流水线、自动化测试、功能源代码等体现迭代过程中价值阶段先后交付,最终为交付的版本包及配套用户文档服务,此阶段对外体现为交付的版本包和用户文档。

1.2.2.5　交付发布

　　项目开发团队将所规划的需求开发完成交付软件版本包和用户文档后,由验收交付团队对项目开发团队交付的软件版本包进行实际场景的功能和性能验证,确保最终交付给客户的产品版本满足客户的要求。

　　产品验证验收过程中,需要客户参与,最后输出的验证结果经过与客户(或客户代表)沟通确认,面向用户市场发布,正式部署应用到真正的商用场景。

　　验证交付过程输入条件为需求清单、待验证软件产品包,以及输出验证报告和验证通过的软件产品包(见图 1.2.8)。经过客户认可的面向客户市场的产品版本交付后,产品研发阶段的价值最终得到体现。

1.2.2.6　商用支持

　　产品版本交付后,客户仍然需要产品研发所在公司(乙方)对客户的产品应用的支持,帮助客户将产品正式部署应用起来,提供产品销售后服务,解决客户在产品应用遇到的问题,涉及到产品隐藏的质量问题,也需要反馈回产品研发团队进行完善解决。

　　产品商用支持过程中,继续发现产品应用的潜在新价值,与客户保持紧密联系,进一步获取新的用户需求、用户改进需求等,反馈回研发团队开发新的产品版本,持续向客户提供新的价值服务。

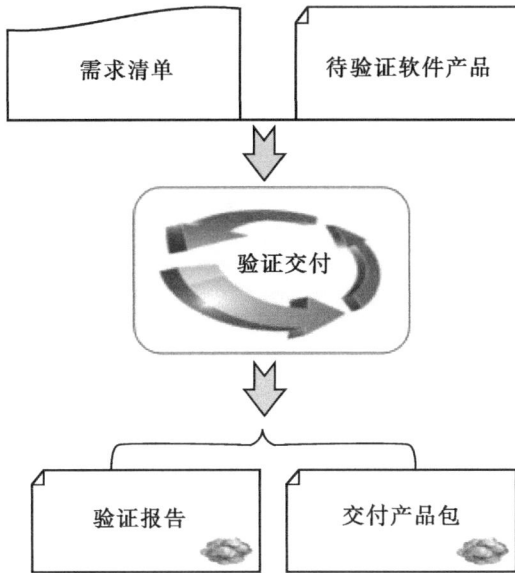

图 1.2.8　验证交付

第3章

持续价值交付

软件产品以交付产生价值为最终目的,通过产品级敏捷过程支撑软件产品价值交付,从价值交付角度来促进软件完善和持续演进,最终实现软件产品的价值。

图1.3.1表达了产品从需求、研发、应用及其循环演进过程。

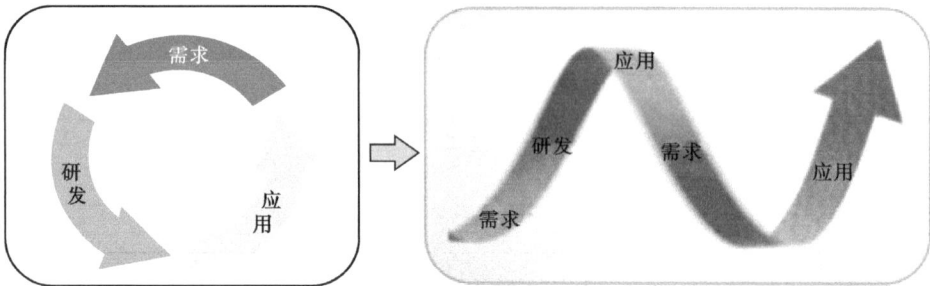

图 1.3.1 价值持续交付

从较长的整个产品生命周期上看,随着时间推移前进,产品存在形态和状态持续变化,但总体来看,分为需求、研发、应用三个大的状态持续演进。当产品未成形状态时,有的客户提出需求,研发产品研发团队实现交付产品。产品成型后交付用户应用于市场,市场反馈产品应用情况并提出新的需求和改进需求,再交由产品研发团队进行新需求开发和新版本交付,产品新版本部署市场应用,持续演进和实现产品最终价值。

从产品规划研发交付应用流程上来看,最终的价值交付是向用户交付功能质量和性能指标符合客户要求的软件产品。为了说明产品规划研发交付应用各个阶段交付价值,对需求获取、产品规划、需求实例化、迭代开发、交付发布和商用支持各个阶段交付价值进行分解,但实际上各个阶段的交付价值并非完全孤立或者上下游界线十分清晰,而是紧密相关、环环相扣、叠加交错、相互影响的复杂过程。

1.3.1　价值交付的连续性

产品价值交付过程按阶段分解为不同的阶段性价值交付,在不同价值交付载体中体现(见图 1.3.2)。上游的交付价值作为下游交付价值的输入条件或者输入条件之一。

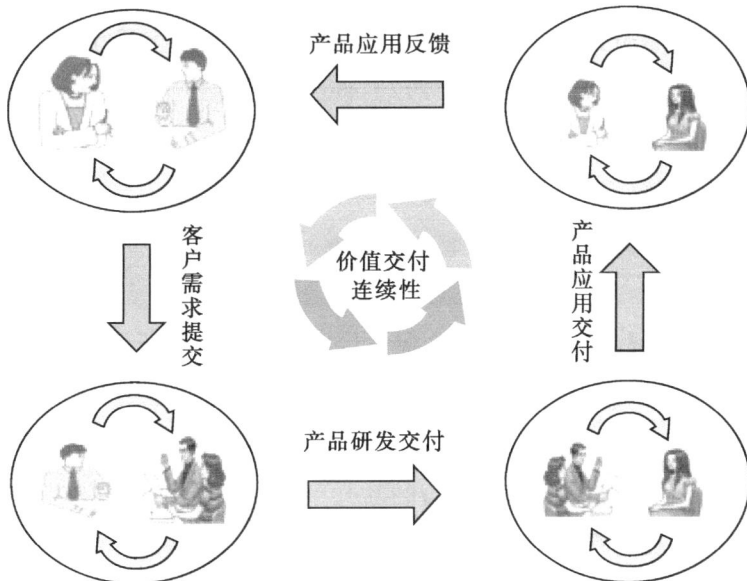

图 1.3.2　价值交付连续性

首先是来自客户的需求愿景,从流程上来看,我们认为客户需求就是向产品研发团队交付的价值,并且产品研发团队也认可客户需求的价值。

从产品研发交付团队内部流程上来看,产品规划团队输出产品需求,向项目研发团队交付待开发实现的产品需求,并且项目研发团队也认可产品需求的价值。

产品研发项目团队内部上下游协作流程相对较复杂,也是本书说明的重点,在后面章节详细说明。项目研发团队经过迭代开发,输出可工作的软件交付给验收交付团队进行验证验收。在验收交付团队认可的情况下，则项目研发团队阶段性价值交付完成。

验收交付团队对项目研发团队交付的软件版本进行功能性能验证，输出验证报告，确认交付软件版本满足规划要求。

软件产品经过验收交付团队验证通过后，正式向客户交付并部署真实应用场景使用。产品实际使用过程中，会反馈产品问题或者改进性需求和新的功能需求，作为下一个产品规划、研发交付应用的输入条件之一。

1.3.2　价值交付的持续性

产品价值凝聚着人的劳动，合适的人员充当产品级敏捷实践过程中的不同角色参与产品研发交付过程中各项活动，创造不同表现形式的过程价值，最终实现产品的市场价值。

对于一个软件研发单位（公司或者团队）人员规模在一定周期内相对稳定，不同角色各司其职，紧密协作，完成产品级敏捷研发交付过程中各项工作任务。在产品研发过程中，人力资源永远是不足的，因为人力本身就是一种资源，资源是有成本的，项目资本运作永远不会配置比满足产品项目研发所需要更多的人力资源，人力资源紧缺是一种常态。

产品价值持续创造过程中，人力资源是关键因素。人员的能力达到一定的标准，才能胜任对技术能力要求较高的软件产品研发岗位的工作。即使如此，人力在产品研发交付活动中更有效地发挥作用，创造更高的价值，还必须依赖产品研发交付过程中的各种有效的产品研发方法。

产品级敏捷研发交付过程中，人员角色与敏捷方法以及工具资源共同构筑一套完整的产品需求规划、需求实例化、迭代开发、验证交付、发布应用、应用反馈的软件产品生产流水线，实现软件产品价值的持续稳定交付。

如图1.3.3所示，完整的产品级敏捷研发交付流程中，不同角色坚守自己的工作岗位，上下游衔接协作，完成自己的岗位角色的工作任务，充分利用支撑不同阶段的电子管理工具，实现从需求、设计、开发、验证、交付、发布、应用的整个价值交付的全流程，实现产品价值的持续稳定交付。

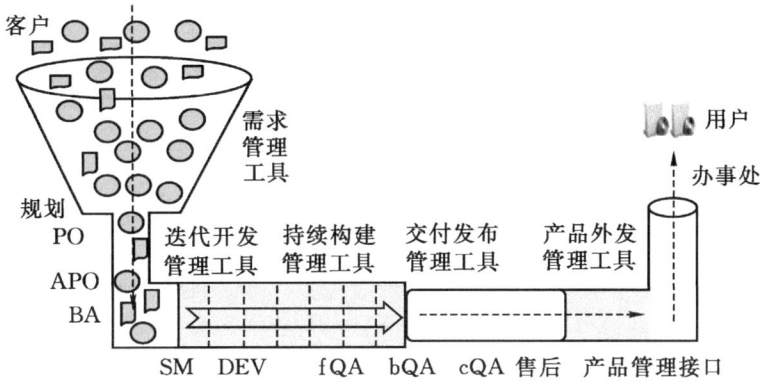

图 1.3.3 价值交付流水线

第 4 章

产品价值闭环

产品价值交付在产品级敏捷研发交付过程中体现在各个阶段的交付成果物，最终为交付产品应用产生最终的价值服务。最终的产品在市场上产生的价值直接用产品销售盈利来体现，其产品交付价值大小能够很简单直接地识别和度量。

那么，在产品最终市场价值得到体现之前，产品规划研发交付阶段性交付成果物如何体现其价值呢？实际上这种阶段性交付成果物或者输出这些阶段性成果物进行的相关活动只能算是一种合理的价值期望或者被认为具有潜在的价值，这些价值期望或者潜在价值也被视同为交付的价值，并且用产品研发流程规范中的价值评判标准来识别和度量，这种产品研发流程规范中的识别和度量方法有合理的理论支持并且经过实践检验。

1.4.1 什么是价值闭环

产品级敏捷研发交付过程中，各个阶段每一项典型的活动都有价值预期，被认为该项活动完成之后会产出相应的价值，其价值载体就是该项活动输出的成果物。如何判断产品级敏捷研发交付过程中一项活动是否具有价值以及其价值有多少，或者如何检测一项活动的输出成果物是否具有价值以及其价值有多少呢？要回答这个问题并非是一件简单的事情。

我们用最简单的软件设计开发例子来解释。例如，2017 年某短片摄影爱好者采集了很多短片素材，学会了使用影视剪辑工具做了许多自己认为很值得分享的短片，希望通过互联网发布供他人下载欣赏。这个需求场景是不是很简单，熟悉网站原理且有经验的软件开发人员很快就能搭建一个网站满足这位短片摄影爱好者的需求。如果程序员 A 接了这个短片摄影爱好者(客户)的需求(只能算私活了)任务,程序员 A 会与客户沟通具体网站界面做成什么样子,布局、色调等也进行沟通明确。程序员 A 也会告诉客户需要申请一个网站域名和一个网站云服务器部署客户的视频短片分享网站,客户会给程序员 A 够用的费用帮忙申请域名和申请云服务器,还需要客户提供个人信息进行网站备案等。之后很快程序员 A 将短片分享网站的后台网站程序开发完成,部署到云服务器上,并给客户提供后台短片加载操作手册。如果客户在视频分享操作过程中遇到问题,程序员 A 会继续支持客户顺利使用网站。一切顺利的话,程序员 A 会拿到客户支付的费用。

上面的简单例子中,客户是短片摄影爱好者,另一方是承接需求任务的程序员 A,程序员 A 在最终拿到客户支付的费用时,前期程序员 A 所做的工作的价值最终得到体现。在这之前对需求的沟通明确、准备网站环境和域名、提供操作手册和支持客户使用网站等活动,都只是价值预期,而且只有做了这些有价值预期的工作,最终的价值才能兑现,即客户支付给程序员 A 的辛苦费。

对于程序员 A 来说,他在与客户需求沟通和方案设计的过程中,告诉客户申请云服务器比较省钱,而且能满足当前部署视频分享网站的需求。其实客户掏钱买一台物理服务器到电信机房也可以实现网站部署上线,但那样成本太高。作为需求规划和产品设计做到成本最低的本分,给出最合理的方案,程序员 A 一定能够取得客户的信赖。

这个简单的例子如何说明价值闭环呢? 至少这个例子能够说明程序员 A 按需求给客户交付的短片分享网站,客户进行了最终验收,认为满足了自己的需求,并向程序员 A 支付了承诺的费用,程序员 A 的工作的价值得到了体现。这实际上就是通过收到客户的费用体现出程序员 A 付出劳动的价值,这就是最简单直接的价值闭环。

程序员 A 确定了需求、申请到域名和云服务器以及开发出网站后台程序等这些工作的价值实际上也得到体现,这些阶段性成果构成实现最终价值的基础。有可能客户不懂这些中间过程,但程序员 A 在沟通中合理分析讲解,让客户相信自己并认为做这些工作是必须的,最后通过给客户演示实际分享短片的网站功能,让用户亲自操作短片分享,最终让客户认可程序员 A 的价值并支付费用。

基于上面的例子,客户经过一段时间精彩短片分享,受到网民极度热情支持,潜在价值增加,客户新的需求就随之而来。客户想通过网站管理用户、价值高的短片下载需要支付费用、嵌入广告也需要计费、网站视频资源更丰富,后台管理功能需要扩充、有新的视频短片爱好者要求加入分享短片、短片质量审核和费用支付管理功能需要增加、网站安全管理需要加强等等,而且客户需要将新网站尽快上线。

客户找到程序员 A,程序员 A 了解新需求以及交付期限后,认为个人力量完成不了,需要一个项目开发团队按项目化运作,能够很快完成交付给客户使用。程序员 A 将业务引荐给程序员 A 所在的公司,以公司名义与客户合作,程序员 A 作为产品研发负责人与客户接洽业务。如此下来,一个较完整的软件产品的规划、设计、开发、验证、交付、应用流程就实施运作起来。

再后来,客户的网站越来越受欢迎,新的业务需求随之而来,大数据、人工智能等功能相继加入,新的系统架构、新的部署方案、新的用户群体、新的应用领域等,需要更大的研发团队支撑。程序员 A 所在的公司被收购,成为原来客户的子公司,其业务之一就是维护这个大型网站,从需求到研发、再到自动化部署应用等一序列过程全部采用产品级敏捷流程来实施,实现持续而快速地规划、研发、验证、部署全流程的高效运作。

从上面的产品演进例子,我们来进一步说明价值闭环。

产品规划得合理与不合理,通过产品最终应用带来的直接收益和间接收益来判断。如果 10 项新上线的功能,经过嵌入到软件产品中的功能使用频次统计半年或者一年的数据分析,按用户使用量的维度来评判,其中 1 项功能基本没有用户使用,3 项功能使用一般,4 项功能使用相对较高。另外 2 项功能使用频次最高,吸纳很多新用户,而且用户数量持续在增加,那么该 10 项功能的价值高低立即可以判断出来。

软件产品研发交付活动中一项活动或者该活动完成后的交付成果物的价值能够通过有效的评判方法准确地度量出其价值,则该活动就做到了价值闭环。

1.4.2　产品研发过程中的价值闭环

产品最终价值交付的闭环能够通过产品销售业绩等来体现,相对比较容易理解。而在产品规划研发交付过程中的各个阶段的各项活动,则是通过产品级敏捷研发方法和规范以及阶段性交付成果物度量验收标准来判断,而且这些产品级敏捷研发方法和规范以及成果物度量验收标准也是经过理论和实践证明是有效的。

要了解产品过程中的价值闭环,首先需要了解戴明环(PDCA 循环),以及戴明环与敏捷开发的关系。

PDCA 循环又叫做戴明环,是美国质量管理专家戴明博士在现代质量管理奠基者——沃特·阿曼德·休哈特的构想基础上拓展出来的(见图 1.4.1)。它是全面质量管理所应遵循的科学程序。

图 1.4.1　质量管理专家

PDCA 来源于英语单词 Plan(计划)、Do(执行)、Check(检查)和 Act(行动)的首字母,PDCA 循环就是指按照 Plan→Do→Check→Act 的顺序进行质量管理,并且循环不止地进行下去的科学程序(见图 1.4.2)。

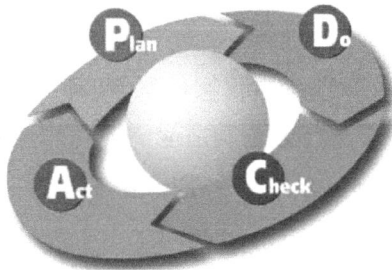

图 1.4.2　PDCA 质量闭环

以上四个过程并不仅仅运行一次,而是周而复始循环开展。一个循环结束,解决一些问题,未解决的问题进入下一个循环,如此这般阶梯式上升。

实际上,戴明环可以推广为有效地开展任何一项工作的合乎逻辑的流程。而敏捷开发则是将戴明环的思想完美契合在一起。

Scrum 本意是指英式橄榄球的争球,本意可以延伸为以团队为整体去完成任务。由此引申而来的 Scrum 开发方式是一种迭代式、增量式软件开发方式,遵循敏捷思想,是目前较为主流的敏捷开发方式之一。

Scrum 方法需要团队始终围绕着图 1.4.3 所示的循环开展软件开发工作。从产品的待办事项中选择可以独立交付的 2~4 周的工作内容,由团队来完成开发和检验工作,得到可交付增量,此过程称为一个 Sprint(迭代周期)。之后再选择可以独立交付的 2~4 周的工作内容开始一个新的 Sprint。周而复始,依此类推,直到产品待办事项全部完成或者开发工作由于特殊原因被终止。

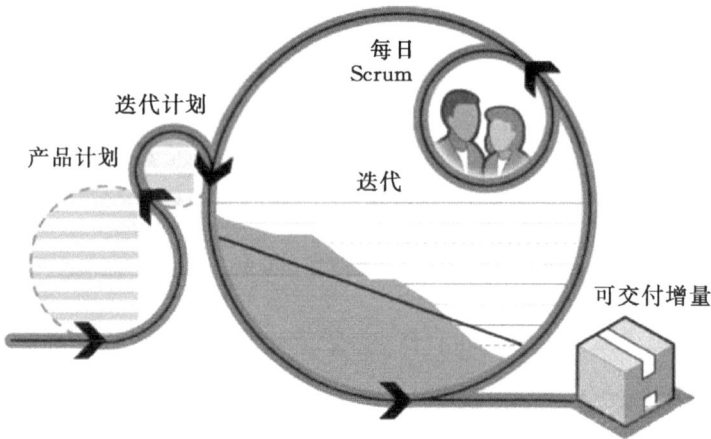

图 1.4.3　迭代开发交付价值闭环

Scrum 以经验性过程控制理论(经验主义)作为理论基础的过程。Scrum 的三大支柱支撑起每个经验性过程控制的实现:透明性、检验和适应。透明是为了便于检验,检验是为了进行调整和适应。

此时,大部分读者应该可以在单个 Sprint 里看到一个典型的戴明环,如果明确表示出来,就是下面的如图 1.4.4 所示。

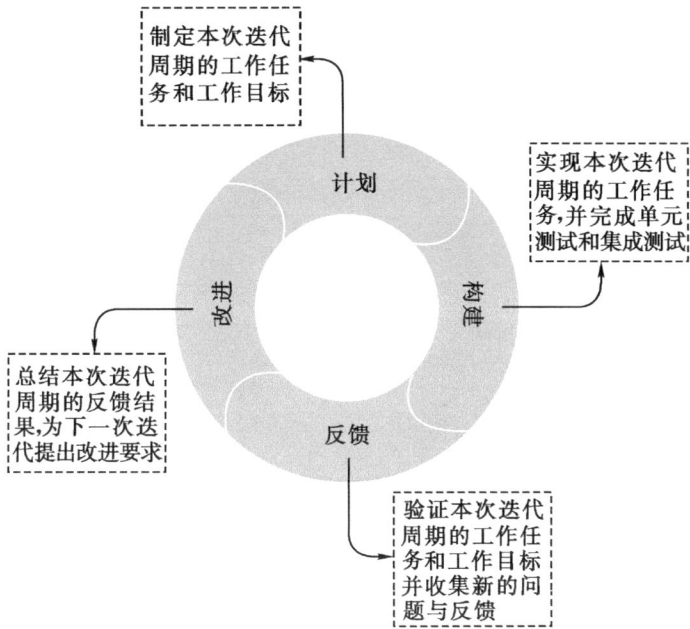

图 1.4.4　迭代发价值循环图

当然,Scrum 方法中隐含戴明环的地方还有很多,比如 Daily Scrum。Scrum 方法要求团队坚持每日站会。每日站会是 Scrum 过程中进行每天检查、计划调整和行动方案制定的环节,加上会后的具体工作,同样构成了一个完整的戴明环。

Scrum 方法的运行模式可以用图 1.4.5 来表示。

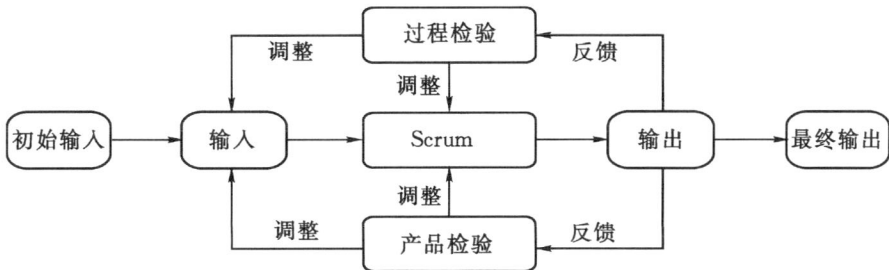

图 1.4.5　迭代运作过程图

我们可以看到在整个的研发过程中有很多的戴明环,所以戴明环穿插在敏捷开发过程中,每一个子过程都是一个闭环,都是可检测、可监控的,也就是说每一个子过程的价值都是闭环的。这就是在产品级敏捷中的产品研发过程中的价值闭环。

第 2 部分

产品级敏捷研发
过程实践

第1章

关注价值的需求规划

产品规划是指产品经理（或产品规划人员）通过调查研究，在了解市场、竞争对手、客户需求以及当前行业的发展态势的基础上，结合自身产品的定位与特性，制定出可以把握市场机会并满足用户需要的目标与实施计划。

在柯维博士的《高效能人士7个习惯》中，他提到一个有趣的观点，任何创造都是经过两个层次，一次是"心智的创造"，另一次才是"实际的创造"。其中心智的创造尤为重要，因为它是创新的源头，难度更大，更难能可贵。软件产品研发是一个典型的创造与创新的过程，我们的开发过程即为"实际的创造"过程，而产品规划则为"心智的创造"过程，它的难度更大，更为重要。如果我们说开发过程是解决"正确的做事"，那么产品规划则是去解决"做正确的事"。

在实际的产品级敏捷实践中，市场、销售与研发代表组成 PDT 规划团队，由产品经理牵头，组织产品规划活动实践。产品规划如果错误了，整个 PDT 团队的实施将是无用功。在目前市场竞争激烈、客户需求多变的背景下，"关注价值"的产品需求规划可以最大程度地保证"做正确的事"，防止方向性偏差。"关注价值"的产品需求规划可以划分为三个过程：需求获取、需求分析与需求决策。

2.1.1 产品核心价值

产品的核心价值，是让用户清晰明确地识别并容易记住产品的价值与个性，促使用户认可、喜欢甚至爱上一个产品的主要力量。核心价值是产品的终极追求，产品的整个生命周期都应该围绕这一点来展开。在产品没有方向或者产品开发过程中出现迷茫的时候，只要产品的核心价值还清晰明确地印刻在产品团队之中,产品就有希望从混沌的泥潭中突围而出,获得新生。

　　产品的需求规划,也正是在认清了产品核心价值的基础上开展的。认清了产品的核心价值,就好似拿到了一杆标尺,避免各种各样的诱惑让我们偏离最初的战略方向和产品定位。

2.1.2　产品需求来源管理

　　产品需求的获取来源主要包括以下几个部分,如图 2.1.1 所示。

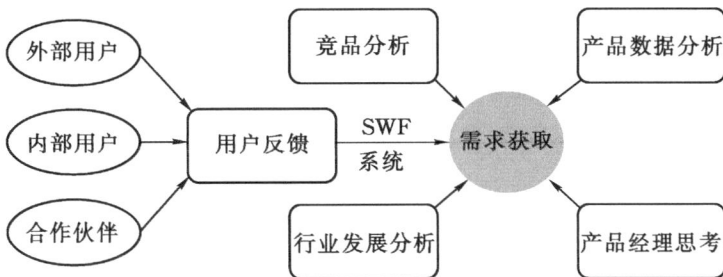

图 2.1.1　产品需求来源管理

　　(1)竞品分析。

　　(2)用户反馈分析:a.内部用户;b.外部用户;c.合作伙伴。

　　(3)产品数据分析。

　　(4)行业业务发展分析。

　　(5)产品经理思考。

2.1.3　产品需求分析

　　需求收集时需要充分细致地了解客户目标、客户业务内容、业务流程等,这是需求分析的基础准备。以我们自身产品为例,运营商网络建设部门与网络优化部门的不同客户,就会有不同的业务目标与业务流程。当我们已经清楚理解了用户的业务要求,就可以开始分析需求了。

　　运用管理思想,帮助用户优化流程。比如,我们有些用户在提需求时,仅仅基于现有的工作模式进行的思考,受惯性思维的影响较大。而我们则需要突破这个局限,果断去除部分不合适的需求,发掘出用户所提出需求的真正目标与价值,再结合我们自身对产品的思考(有时会参考竞品分析),进行产品匹配与特性定位,帮助用户优化业务流程,提出更佳的方案并与用户沟通确认,最后将这个业务流程形成文档,转交给下一个环节,如图 2.1.2 所示。

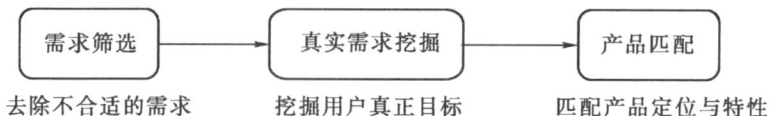

图 2.1.2　产品需求分析

2.1.4　产品需求决策

产品需求决策的关键是识别筛选核心、紧急且重要的需求。如本章第 2 节所述,众多需求来源于不同渠道、不同国家与地区,也包括新功能开发、现有功能改进、性能提升、用户体验与易用性提升等多种类型。针对如此繁多的需求,我们需要从大处着眼,进行梳理,如同写文章,编写出目录结构来,主次分明。我们根据软件产品规划,提取出最符合产品发展思路,成本效益大,市场需求紧迫的需求,优先落入版本进行开发,并文档化形成路标与版本计划,如图 2.1.3所示。

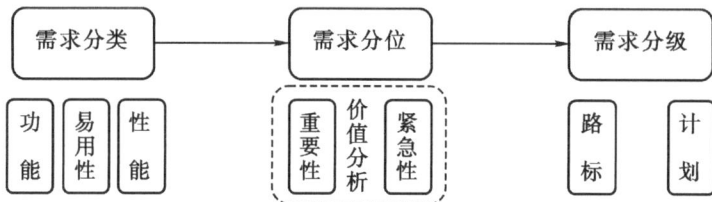

图 2.1.3　产品需求决策

这里特别说明一下,作为需求决策团队,需要尤其关注产品创新与差异化竞争的需求,它们往往可以极大地提升产品竞争力,甚至会起到柳暗花明又一村的效果。在我们自身产品的敏捷实践中,为倡导此思想,我们甚至将产品创新与差异化竞争需求条目作为产品需求规划团队的一项绩效考核指标。

2.1.5　产品需求决策后的工作

产品需求决策后,需要加强对需求分析与管理的质量控制。软件需求直接关系到软件产品的发展方向,所以质量至关重要。对于这个关键点的质量控制,可以通过内部评审和同行评审的方式,再外加客户的评审。项目组内部评审或同行评审主要是根据公司规范和评审人员本身的经验,对需求分析中不明确、不合理、不符合逻辑、不符合规范的地方予以指正。而客户的评审主要是对描述的软件实现是否真正符合他们的需求,能否帮助他们解决问题等方面作出评定。

关注产品的核心价值,需要我们有效把控和管理产品需求的来源,在需求分析过程中发掘用户需求的内涵与真正价值,并结合产品自身定位进行筛选与优先级排序(重要性、紧急性)。我们产品团队通过多年的敏捷实践、内部过程改进与调整、批评与自我批评,日积月累,总结与沉淀了关于价值需求规划的一些要点。这些看似通俗易懂的条目,每一条都值得我们用匠心的精神与态度来雕琢打磨,如图 2.1.4 所示。

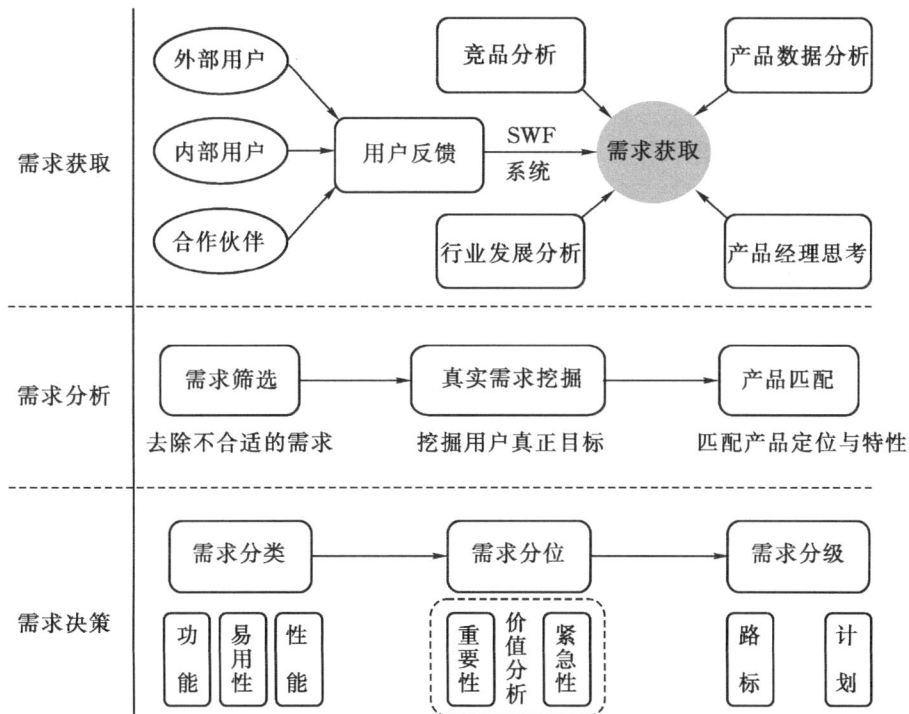

图 2.1.4　关注价值的需求规划过程

第 2 章

市场价值判断

在数据急剧膨胀、信息互联互通、金融资本运作、国家政策导向等多种因素的影响下,市场价值的瞬息变化已不再是新鲜事,很多研发团队的开发模式也从传统的瀑布式走向敏捷研发和自组织研发。随着 5G、大数据、云计算、机器学习、人工智能等技术逐步深入到人类的日常工作和生活中,我们需要从政策环境、经济环境、社会环境和技术环境等多方面因素来评估和解读产品在当前形势下产生的市场价值,从而做出正确的判断。

2.2.1 发现需求

信息是瞬息变化的,人性亦是如此。用户在不同年龄、不同背景、不同环境、不同职责等各种情况下,对同一款产品提出的需求有很大差异。在每一次用户交流前,需要对用户的个人背景、工作职责、工作习惯、汇报对象和用户的客户等信息全方位了解,通过用户画像有针对性地进行产品原型设计。在与用户交流过程中,不仅需要针对用户的需求痛点讲述产品解决方案,还要将与用户工作相关的产品流程和演进路标进行说明。在此过程中,不断采集用户对当前以及未来的诉求,从而不断发现新的产品市场价值(见图 2.2.1)。

每当发现新的市场突破点和业务新特性,团队中最兴奋的人首先是产品经理。每次讨论到敏捷开发中的特性或故事优先级,市场价值往往是大家评判的重要依据。然而,不同行业和领域对市场价值的判断差异很大,不同环境对产品的硬件配置选项要求差异很大,用户业务需求和产品架构演进需求差异也很大。因此,除了市场价值的本身因素以外,还要综合考虑成本风险、人力资源、工程售后等多方面因素。通常,对一个软件产品来说,首先根据市场价值打分

并进行 Backlog 排序,然后再基于交付时间、算法设计、方案预研、配套产品等
其他因素进行调整。这样排序是因为敏捷开发是基于市场/业务驱动的交付模
式,而市场价值是反映需求对业务贡献的重要衡量标准。但这不是一成不变
的,在产品的某些阶段(比如定向某个市场的交付合同或者算法方案不成熟),
还需要考虑规避非交付功能的风险,而这样的策略也会包含在产品整体优先级
决策里面,于是就产生了优先级排序的两种基本策略:市场价值驱动和交付风
险驱动。

图 2.2.1　产品市场价值

2.2.2　识别需求

一般来说,简单一句话式的或者某个新概念、新方向的需求,基本上任何人
都无法直接得出较为准确可靠的市场价值评判。因为它仅仅指的是宏观概念,
是发展方向,或者只是某个时期的特性。比如"支持 3D 立体效果渲染",具体是
在哪个子功能支持? 是实时联动显示 3D 效果,还是只对特定的区域显示 3D
效果? 以及基于哪种数据类型展示? 在这些不同的场景下,对硬件成本消耗以
及算法方案设计都会产生很大影响。以某市场定向版本为例:

功能名称	预处理（6 台服务器）	非预处理（3 台服务器）
事件 A 智能分析	1	32
事件 B 智能分析	3	39
事件 C 智能分析	2	21
GIS 特性功能 A	7	25
GIS 特性功能 B	5	13

上述功能在客户对实时性要求非常明确的情况下（10s 以内）进行了预处理改造，从而达到目的，但是硬件的资源开销翻倍。所以就像解证明题一样，有些是需要"分条件讨论"的。面对诸如这样的疑问，首先应该识别需求的交付目标和可能带来的价值，而不是在需求模糊的前提下就去讨论如何开发实施。这个疑问（需求决策）本身的问题有两个方面：

（1）需求的使用场景和目标群体不够细化；

（2）缺少必要的市场背景信息供决策。

就第（1）点来说，即使大方向确定了，可对于细节方面，比如从哪个特性维度切入，到底要满足哪些用户以及什么级别的实时性需求，都还不清楚，我们有必要逐步细化分析。

而第（2）点，做一个产品最重要的是考虑市场应用，首先需要调研市场上存在的竞争产品，看看我们是否已经拥有竞争优势。如果没有，那么差距有多大；即使我们具备相应的基础优势，这个需求完成后会对哪些用户产生价值？带来利润和工作效率提升的同时，附加的额外基础成本是否达到预期？这些也是我们需要考虑的关键决策信息。

基于上述两方面的探究，将细化出来的问题和相应的市场应用信息结合起来，完善"需求决策"的描述，进而完善我们的决策依据和解决方案框架。以上过程可概括起来分为下面三步：

（1）确定场景、细化问题、拆解问题；

（2）完善市场价值，补充可能影响决策的关键信息；

（3）复审最终的决策和思考框架，启动产品特性研发。

如何能够快速应对市场需求的频繁变化，应对前所未知的竞争，不断识别并推陈出新，使产品持续满足市场需求，这正是产品敏捷团队的优势所在。产品开发过程始终依赖着一些基本的条件,当这些条件不能满足时,所谓的产品需求设计、开发是很难获得成功的。而这些基本的条件是由用户需求的非对称性和动态性所决定的,因此识别和挖掘出用户真实层次的需求(客户需求关键要素),才能正确判断市场价值,尽快完善新产品的开发过程。

2.2.3　产品定位

产品定位主要受到用户需求与竞争优势这两个条件的影响。让我们先来看需求定位决策中常见的 6 个问题:

(1)把自己带入用户,忽略了真实的用户画像。

(2)不了解技术难点和实现成本。

(3)方向靠谱,但没有可行性(可行性至少包括:a. 需求闭环;b. 商业模式)。

(4)没想清楚决策能带来哪些市场价值。

(5)没想清楚竞争壁垒与竞争优势。

(6)只着眼于短期利益,忽略了决策带来的长期影响。

产品定位着眼于产品的愿景、商业模式或整合的业务,制定出要达成的阶段性目标。这个过程对于商业产品的重要性毋庸置疑,因此要求 PO(Product Owner)及业务人员在内的产品团队,与相关利益者共同理清产品的愿景,弄清楚:为什么开发这个产品,这个系统? 我们对它的期望是什么? 相比旧的系统,或其他竞争对手,这个产品能带来的改进或差异化竞争力在哪儿? 什么将是这个产品的主要卖点? 是不是 PO、团队和各相关利益者都理解并认可该愿景? 我们对该产品的愿景是不是与组织战略方向一致?

明确了愿景后,就要对如何达成这个愿景进行规划,制定演进路线图。任何产品都有一个从探索到消亡的过程,这也是产品的生命周期法则所决定的。比如一个在线教育系统,其业务模式还没有得到验证,其当前的目标是在 6 个月内发展一定的用户基础并获得相应的反馈。在这个阶段,如果有一个可靠的用户推荐系统是不是有助于实现目标? 如果是一个健壮的会员管理功能呢? 或者是一个完善的收费会员体系呢? 显然有不同的答案。产品生命周期决定了产品在不同的阶段应有不同的策略,从探索期、发展期、成熟期,直到衰退期,"价值"的内涵是在改变的。产品规划是预测性地对这些阶段进行设计,并制定每个阶段应采取的策略,这其中就包括每个阶段的价值取向。更进一步考虑,大的阶段还可以分为一系列连续的小阶段、小目标,比如每个季度或者每个月,都应该有一个产品要达成的关键目标。

有了团队一致认可的阶段性目标后,当团队分析一个特性或故事时,只有与该目标强相关的特性或故事才会被优先纳入版本计划或迭代计划;而与目标不强相关的部分,优先级就应该相对降低。若这样做出来的计划大家认为不合理,那就需要回头去审视设定的目标是否不恰当了。产品的特性或故事是否符合产品规划,是否符合当前的阶段性目标,这是进行"价值"判断的最重要方法。如图 2.2.2 所示,通过产品开发团队和算法团队构建的基础功能包,特性团队可以对高价值特性进行快速迭代交付。

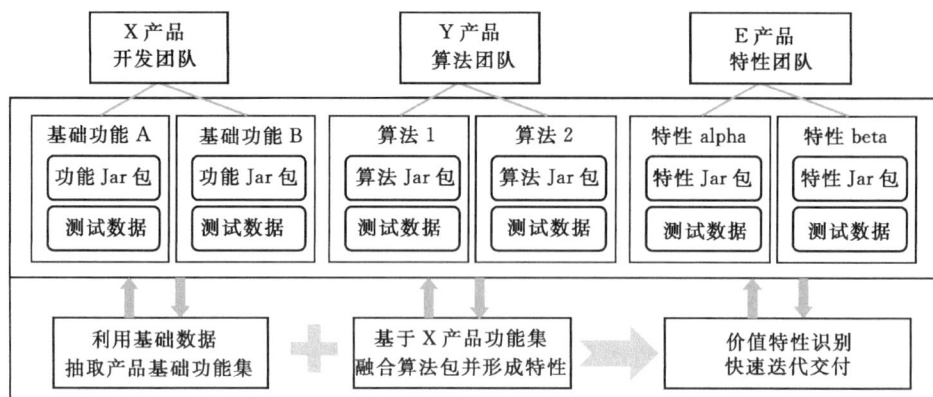

图 2.2.2　产品价值分解分析

在制定产品规划和阶段性目标时,精益创业的最小可行产品(Minimum Viable Product,MVP)分析方法可以有很大的帮助。MVP 分析即是对某个 Idea 设计一次最低成本的探索,也就是制定一个较小的短期目标,符合此目标的特性和故事就优先纳入该 MVP,而不相关的就暂时不做。MVP 分析给我们提供了一条很好的进行持续创新探索,设定短期目标和进行价值判断的思路。

在基于阶段性目标或 MVP 分析进行"价值"判断时,建议从"是否不可替代"的角度去进行思考,即对每一个特性或故事,问我们自己:"如果暂时不实现它,我们想要进行的探索能否达到目的?我们想要改造的业务流程能否实现?用户的期望能否得到满足?是否可以暂时采用其他替代的手段达到同样目的?"若我们每一次把目标都设定得足够小,这样的思考可以帮助我们排除很多暂时价值还不够高的工作,从一堆看似都和当前目标相符的特性或故事中找出真正价值最高的部分,帮助我们更快将一个版本交付出去。

第3章

需求实例化

2.3.1 概述

需求是软件产品为解决用户的某个问题，或者达成用户的某个目标所需具备的特性或能力。而需求分析是指对用户提出的问题进行详细分析并予以解决，其中尤为重要的是需要弄清楚问题的要求，包括需要输入什么数据，要得到什么结果，最后应输出什么。通过开发人员的分析和概括，抽象为完整的需求定义，再形成一系列文档。需求分析是一项重要的工作，也是最困难的工作。

IEEE 软件工程标准词汇表(1997 年)将需求定义为：

(1)用户解决问题或达到目标所需的条件或能力。

(2)系统或系统部件要满足合同、标准、规范或其他正式规定文档所需具有的条件或能力。

(3)一种反映上面(1)或(2)所描述的条件或能力的文档说明。

在软件开发过程中，用户需要说明自己需要软件提供什么样的功能；开发人员需要了解自己要做什么，然后体现在软件中。而需求分析就是连接开发人员和用户之间的重要纽带。只有真正理解用户的需求，才能设计出用户所需要的软件。软件的需求分析是整个软件工程中最关键的一个过程，只有通过软件需求分析，才能把软件功能和非功能性需求转换为具体的软件需求规格，并以此作为软件开发的基础。

需求分析如果出现问题，必然导致软件产品不能满足用户的需要，从而需要进行返工和重新开发。这样不仅影响产品质量和研发进度，更会造成产品交付的延误,进而造成商业损失和市场竞争优势地位的丧失。如果投入大量的人力、物力、财力、时间开发出的软件却没人要,那之前所有的投入都是徒劳,这对于公司来说教训是深刻的,代价是惨痛的!

需求的生命周期包括需求获取、需求计划、需求分析、需求分解和需求沟通等几个阶段。需求获取是项目启动的第一步,和需求沟通一样看似容易,但实践起来往往困难重重。需求计划是为负责人所服务,使其能够合理评估软件开发所需资源。需求分析涉及到用户故事和实例化需求两个概念,是软件开发的基础性工作。需求分解是将需求分析之后的产出进一步拆分细化,便于进行工作量估算、优先级评估、Sprint 规划、任务认领以及验收测试等下一步工作。

2.3.2　需求获取

需求获取是软件需求工程的一部分,是从问题到解决方案整个链条的第一步。需求的获取主要关注两个方面:渠道和方式。

需求获取的渠道从来源上分为外部渠道和内部渠道。外部渠道主要包括市场、用户和竞品,一方面需求经常会随市场行业政策的动态调整而调整,另一方面产品本身是为了满足用户的需求,用户是需求获取的主要外部渠道。此外,竞品对用户需求的满足程度、满足方式既会对我们产生影响,也可以为我们的产品设计带来一定的启发。需求获取的内部渠道中,产品会收集用户的一些使用信息,基于此类信息也会客观反映出用户的需求,帮助我们完善产品;市场、售后同事也会在产品使用过程中与客户交流使用意见,从而了解到用户的使用需求。

需求获取的方式也可以从外部和内部来区分。外部方式中市场反馈通过关注市场行业动态、利用行业数据报告来思考这些外部动态对需求的影响;竞品分析则通过分析市场中有同类功能的产品,找出不同与优劣之处,并依据竞品分析对需求做出适时调整;用户反馈则主要一方面通过市场用户调研、用户信息收集等统计数据来总结用户需求,另一方面对于已经上线的产品又可以通过用户直接的使用反馈来获取新的需求。内部方式主要包括数据分析和沟通交流:数据分析主要通过产品来记录用户做过的事、使用过的功能来进一步挖掘用户的潜在需求;而沟通交流则主要体现参与产品整个生命周期的如研发、设计、市场、售后等内部同事之间的沟通、协作交流,从而提炼出使产品更加完善的意见和建议。

需求获取关系如图 2.3.1 所示。

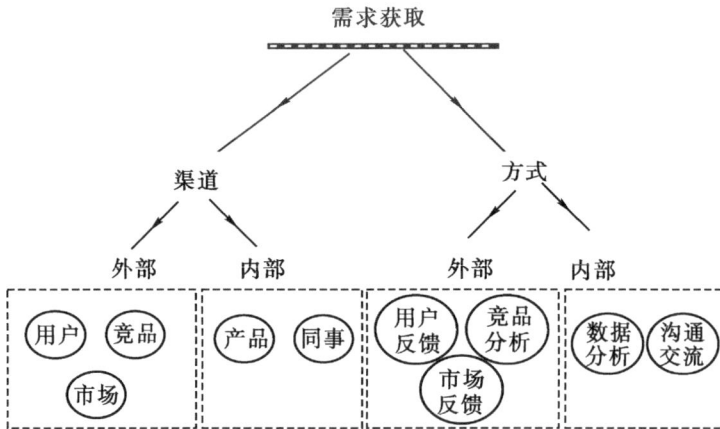

图 2.3.1　需求获取关系图

在与用户沟通需求的过程中,尽量站在用户的角度去分析用户真正的问题所在,理解其抛出问题时的逻辑,抓住用户想要什么,从而转换为软件需求工程中对客户需求的普遍理解。

对于软件需求获取的技术手段,不同的软件阶段获取需求的方式又有所差异:

当前网规网优产品作为一个成熟的基于敏捷开发的产品,已经拥有了国内外市场,部署于国内外各运营商,需求的获取主要是各运营商客户的市场驱动、运维客户、售后同事,提出的新的问题驱动型需求及软件使用中提出的优化性需求。

网规网优软件研发初期,作为一个新的产品,则是基于对已有资源、市场需求的调查收集来判别产品的市场前景,基于调查收集的资料再去挖掘市场需求。比如我们要做一款智能网优的分析工具,希望通过该工具去分析运营商网络的覆盖情况、基于用户的流量使用情况去发现价值用户,这样我们对该工具就有了一种商业价值的愿景,基于此愿景去挖掘需求,制定出产品发展初期的路标。

2.3.3 需求计划

需求计划是敏捷过程中的一个关键活动,是软件开发工作的第一步。需求计划的目标,是为项目负责人划定一个清晰明确的范围,使之能合理地评估下一阶段需求开发所需的资源、风险和开发进度,使得项目开发过程能够按照既定的目标顺利执行。

在需求计划阶段,产品团队需要综合考虑产品的路标需求、外部改进需求、研发内部改进需求、市场紧急需求、外场故障等因素,输出下个版本的需求清单。

细心的读者可能会注意到,需求来源中也包含了"外场故障"的类别。在大部分的项目中,泄露到外部的故障,通常都会尽快输出补丁进行修复。但是,基于以下几点原因,我们在敏捷开发过程中采取了不同的策略。

网规网优产品链条长,应用的技术门槛高,外场用户对版本稳定性有要求,并不适合频繁地更新版本。

网规网优产品是一个需要长期演进的产品,在每一个阶段都需要识别出最有价值的需求。在人力有限的情况下,外场故障的修复,势必影响价值需求的实现进度。产品经理需要综合权衡二者利弊,以保障产品的价值最大化。

为了保证项目团队能够长期以稳定的节奏进行开发活动,经产品团队评估,对于外场影响甚微,或者有一定影响但修改工作量较大的故障,会纳入后续版本的需求计划中进行修复。

在需求清单中,需要描述清楚以下内容:

(1)需求的标题。通过该标题,项目成员可快速了解该需求带来的价值。

(2)需求的描述。对于复杂的需求,通常也是产品规划中的路标需求,产品团队会提前完成该需求实例化后的设计方案文档,方便开发团队基于该文档进行工作量评估。

(3)应用场景。描述该需求在什么场景下使用,如何使用。

(4)需求优先级。需求优先级划分为 5 个等级,优先级的可能取值为 5、4、3、2、1,约定 0 为优先级最高的需求。

(5)需求状态。对于已纳入版本的需求,迁移到"已规划"状态。

（6）需求提交时间、提交人、需求发起时间、发起人。

（7）需求来源。可能的需求来源包括：市场规划、协作项目、售后、外场改进、项目内部、外场故障、其他。

对于我们的网规网优产品，版本发布周期固定为每月发布一个版本。在需求计划实际操作时，需求计划通常在下个版本启动前一周内传递到项目团队。随后项目经理即可安排 BA 进行需求分解和工作量评估。

在人力资源受限的情况下，评估后的工作量有可能出现超限的情况。这时，可通过需求优先级来剔除优先级较低的需求，保证纳入版本计划中的需求可以按期交付。经过产品和项目团队一致认定后的需求计划，通常情况不会再发生变更，以下两种情况除外：①开发过程中临时有紧急需求加入；②发现有遗漏的故事点没有事先评估工作量，而导致无法按期交付。但无论是哪种原因发生需求计划变更，都是项目团队和产品团队协商一致的结果，以便保证外部用户与开发人员都能接受这一变更带来的影响。

需求计划向项目团队的传递，可以通过文件方式批量导入到 SWF 系统中，也可以在 SWF 系统中在线逐条编辑添加（见图 2.3.2）。添加成功的新需求，会以邮件方式通知到项目经理。

图 2.3.2　通过 SWF 系统逐条添加需求计划

需求录入管理界面如图 2.3.3 所示。

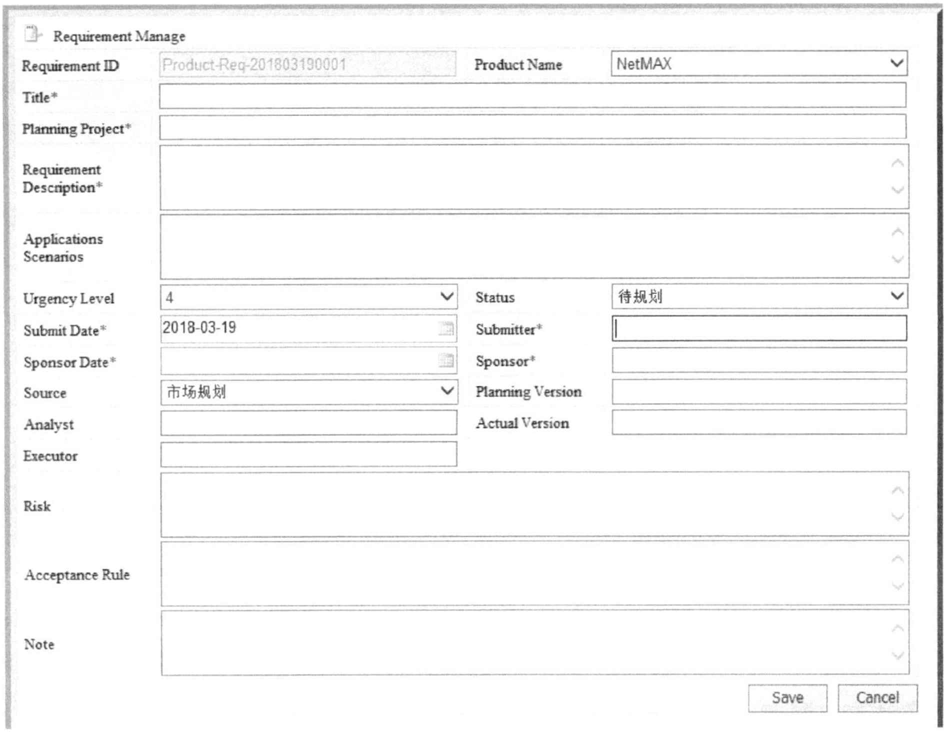

图 2.3.3　需求录入管理界面

2.3.4　需求分析

2.3.4.1　敏捷开发需求分析的特点

在传统的瀑布开发模型中,软件开发是一个顺序式的开发模式,各个阶段分工明确,在上一阶段完成后,输出工作产品给下一阶段作为输入,然后下一阶段工作才能开始。典型的工作流程如图 2.3.4 所示。

采用瀑布开发模型的开发流程,在需求分析阶段就必须把软件的所有用户需求完全、准确地分析清楚,与用户进行确认,并完成需求评审,输出严密、完整和精确的软件需求规格说明书文档。然后交付给下一阶段,以此为基础开展软件设计、开发和测试等环节的工作。

应该说,瀑布开发模型有其优点,是一种主流的软件开发模式,在软件开发领域有着广泛的应用,在计算机软件发展历史中发挥了重要作用。但是,瀑布开发模型的流程过于厚重,流程复杂而且周期过长,对于软件开发过程中的需求变更,难以快速响应。

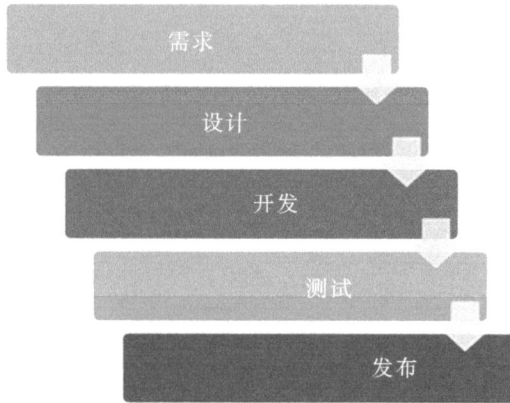

图 2.3.4　工作基本流程

在计算机技术快速发展的今天,互联网以及移动计算已经与人们的工作、生活和娱乐的各个方面密不可分。软件功能越来越丰富,软件应用场景越来越复杂,软件用户也越来越广泛,软件需求的泛滥和频繁变更成为软件工程界一个最严重的问题。而市场竞争是"快鱼吃慢鱼",要想软件产品获得成功,无疑需要更快、更灵活地满足用户的需求。因此,敏捷开发方法应运而生,并且影响迅速扩大,得到软件开发领域中越来越多的认可和应用。

敏捷开发是一系列方法、工具和实践的集合,强调迭代开发方式,整个软件开发周期是多个迭代的集合,是一个开放式、循环上升的过程,如图 2.3.5 所示。

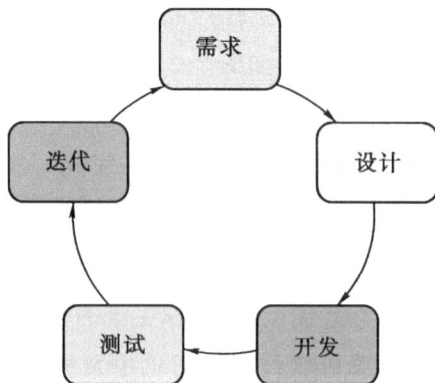

图 2.3.5　迭代开发过程

2.3.4.2　用户故事

敏捷开发中的需求被称为"用户故事"(User Story),是从用户角度出发对某项用户需要的功能进行描述。用户故事与"瀑布开发模型"中需求规格说明书完整的用例(Use Case)不同,不要求一步到位,也不是面面俱到。用户故事是对软件最小功能片段的描述,是一种轻量级的表达方式,可以适应敏捷开发中用户需求的变更。

一个良好的用户故事应该具备以下特点:

(1)内容相对独立,便于实现和交付,不同用户故事之间应尽量避免相互依赖。

(2)描述简单清晰,便于沟通和讨论,不需要描述过多细节。

(3)工作量可估算,方便在 Sprint 中进行规划和认领。

(4)可测试验收,有相应的测试验收标准。

(5)粒度足够小,一般来说能够在一个 Sprint(1~3 周)内完成。

用户故事描述了对用户、系统或软件购买者有价值的功能。一个典型的用户故事包括三个主要内容:

(1)As(角色):这个需求主要由谁使用。

(2)I want(功能):使用者需要完成什么样的功能。

(3)So that(价值):为什么需要这个功能,这个功能带来什么样的价值。

例如:

```
As:

    系统管理员

I want:

    查看系统中各种任务的执行情况

So that:

    了解任务执行是否正常,及时发现系统中存在的问题
```

用户故事是对某一条软件功能的说明,不涉及设计和实现的具体技术细节。在编写用户故事时,应该使用用户能够理解的语言来进行说明,以便和用户沟通交流。

用户故事的收集是一个比较困难的过程,因为用户往往难以准确、详细、完

整地表达出其所有的需求。因此,不能完全依靠用户给我们解释清楚需求的所有细节。需要需求分析人员(BA)与用户或用户代表进行充分、细致的讨论交流,而不是仅仅对用户提出的新要求进行记录。

需求分析人员可以通过用户访谈、观察用户行为、问卷调查、低保真原型、迭代演示会等方式来交流和发现用户故事。需求分析人员在与用户沟通交流时,应该站在用户的角度,积极主动地分析和思考问题,透过用户对需求的表面陈述,找出用户的真正需要的功能特征。

2.3.4.3　实例化需求分析

需求分析是软件开发的基础性工作,在实际的软件项目功能实现过程中,需求分析工作经常受到项目经理、开发人员和测试人员的诟病,例如,项目中经常出现的返工、延期等问题往往和需求有很大关系。在项目复盘分析会议上,需求不完整、需求说明不清晰、需求经常变更等等问题经常被提出来讨论和改进。偏厚重的需求规格说明书或者轻型的用户故事似乎都不能解决这个问题。

实例化需求说明(Specification by Example),是由英国战略软件交付顾问 Gojko Adzic 在其著作《实例化需求:团队如何交付正确的软件》(*Specification by Example:How Successful Teams Deliver the Right Software*)中提出的。

实例化需求说明采用实例化的方式对软件产品需求进行形象、具体地说明,可以帮助软件项目的所有干系人(包括客户/用户、产品经理、项目经理、BA、SM、开发人员、测试人员等等)能够充分、细致地协商和交流,从而达成一致,确保不同干系人对需求的理解不出现偏差。

实例化需求注重对软件产品的功能特点和行为进行描述,不涉及设计开发的技术细节,从而帮助不懂具体技术或不了解技术细节的干系人也能准确地理解需求。

实例化需求应该具有良好的可测试性,理想情况下可以采用可执行的自动化测试用例,可以在软件开发、测试过程中对需求进行验证,也可以作为验证和交付的测试标准。

由于用户需求不是一成不变的,实例化需求应该具有良好的可维护性,从而适应用户需求的不断变化。

Gojko 在《实例化需求:团队如何交付正确的软件》中提出的实例化需求的

关键过程模式主要包括：

（1）从商业目标中识别出需求范围（用户故事、用例）。

（2）项目干系人协作讨论需求细节。

（3）使用实例进行举例说明，得到关键实例。

（4）提炼需求，形成实例化需求说明。

（5）形成可执行的需求说明，采用自动化测试对需求进行验证。

2.3.4.4　需求分析典型案例 1

某局方提出了一个覆盖对比的需求。在经过需求分解后，我们识别出了如下几个子需求：可展示覆盖 GIS 图、差值 GIS 图；可展示图表覆盖样本点分段统计、弱覆盖对比等。基于分解后的需求，我们进行了快速原型设计。其中，频点模板设置的界面如图 2.3.6 所示。

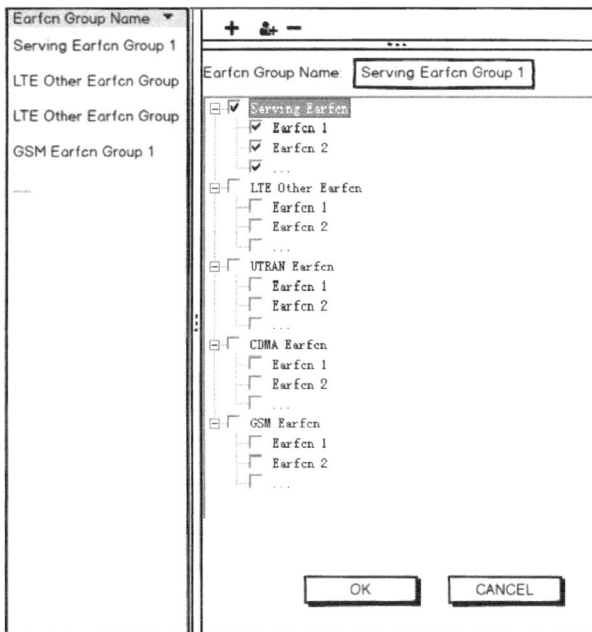

图 2.3.6　频点模板设置的界面

覆盖对比界面如图 2.3.7 所示。

这样就能及时与需求提出者进行互动与迭代分析，也可进一步与开发人员进行高效的沟通。

Time
User Position
Position Data Source
Grid Size(m)
Frequency Infomation
○ Contrast with Different Frequency within Serving Cell
● Contrast with Different Frequency without Serving Cell
RSRP TO RSCP Offset Value Threshold ｜0｜
RSRP To Rxlev Offset Value Threshold ｜0｜

☑ Frequency list1
　☑ Frequency 1
　☑ Frequency 2
　☑ Frequency 3
　☑ Frequency 4
　☑ Frequency 5
　☑
☑ Frequency list2
　☑ Different Frequency in LTE
　　☑ Frequency 6
　　☑ Frequency 7
　　☐ Frequency 8
　　☐ ...
　☐ Frequency in UMTS
　　☐ Frequency 9
　　☐ Frequency 10
　　☐ Frequency 11
　　☐ ...
　☐ Frequency in GSM
　　☐ Frequency 12
　　☐ Frequency 13

GIS / Statistic Infomation

	RSRP<=-115	-105>=RSRP>-115	RSRP>-105
Frequency list1	576	456	248
Frequency list2	243	124	168

	Good Point Count	Point Count	Good Point Ratio(%)
Frequency list1	1224	1280	95.62
Frequency list2	479	535	89.53

	Good Grid Count	Grid Count	Good Grid Ratio(%)
Frequency list1	44	48	91.67
Frequency list2	33	36	91.67

D-Value	Grid Count	Ratio(%)
DLTA<-10	3	10
-10<=DLTA<-5	2	6.67
-5<=DLTA<0	8	26.67
-10<=DLTA<-5	2	6.67
0<=DLTA<5	2	6.67
5<=DLTA<10	6	20
10<=DLTA	2	6.67

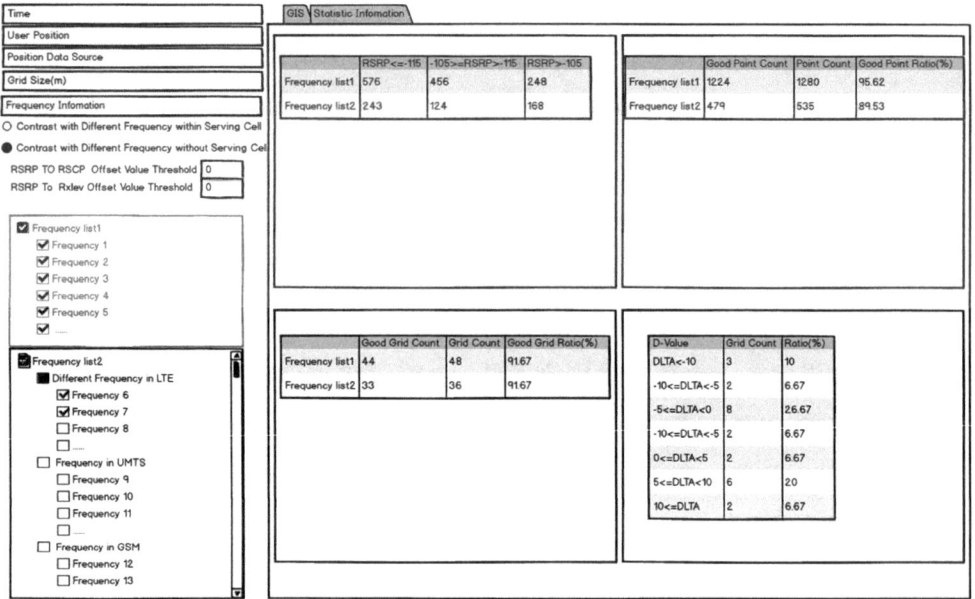

图 2.3.7　覆盖对比界面

2.3.4.5　需求分析典型案例 2

某外场提出了一个指标导出的需求,要求可以灵活地导出各种指标以满足不同场景下的用户需求。通过对该需求进行原型设计,可以明确该功能将支持的所有场景组合,避免功能实现后,与用户预期产生偏差。

"在 Setting 配置中需要选择需要导出指标"——这个初始的设计说明给用户的导向不是很直观、明确,不利于与用户进行沟通确认。采用图 2.3.8 所示的原型设计方法,可以直观清晰地说明各项功能需求。例如,各种指标可以按照 MR 指标、基本指标等不同的类型进行分类,可以让用户更方便地选择需要导出的指标等,如图 2.3.8 所示。

在这个界面中设置 RSRP 指标导出的配置,如图 2.3.9 所示。

在下面界面中设置 RSRQ 指标导出的配置,如图 2.3.10 所示。

在下面的界面中设置下行弱覆盖导出的配置,如图 2.3.11 所示。

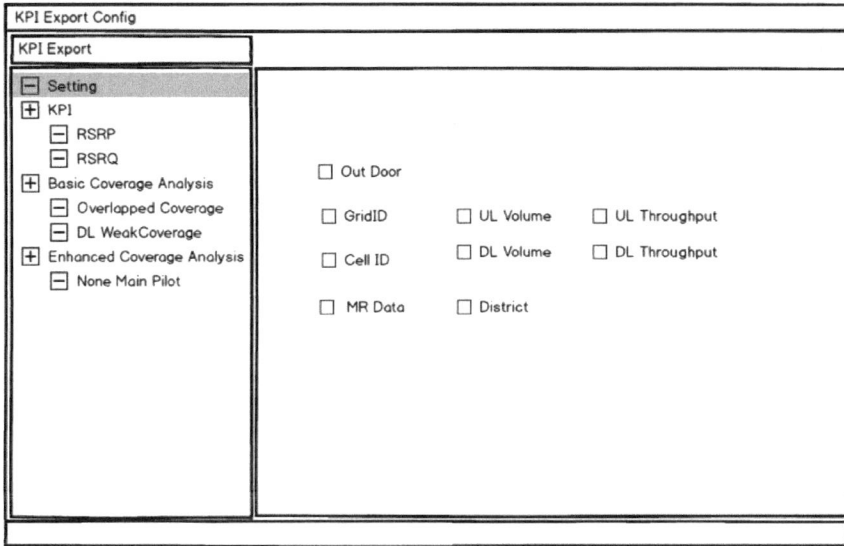

图 2.3.8　原型设计

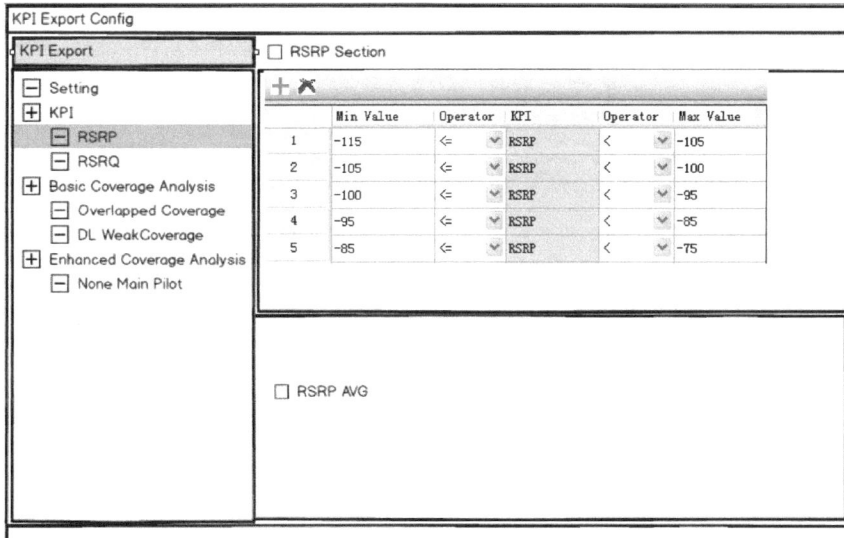

图 2.3.9　RSRP 指标导出配置

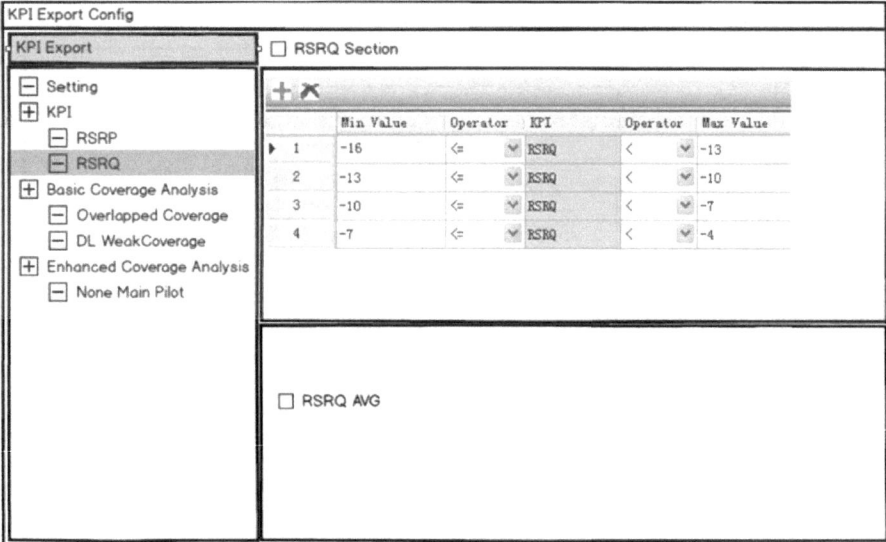

图 2.3.10　RSRQ 指标导出配置

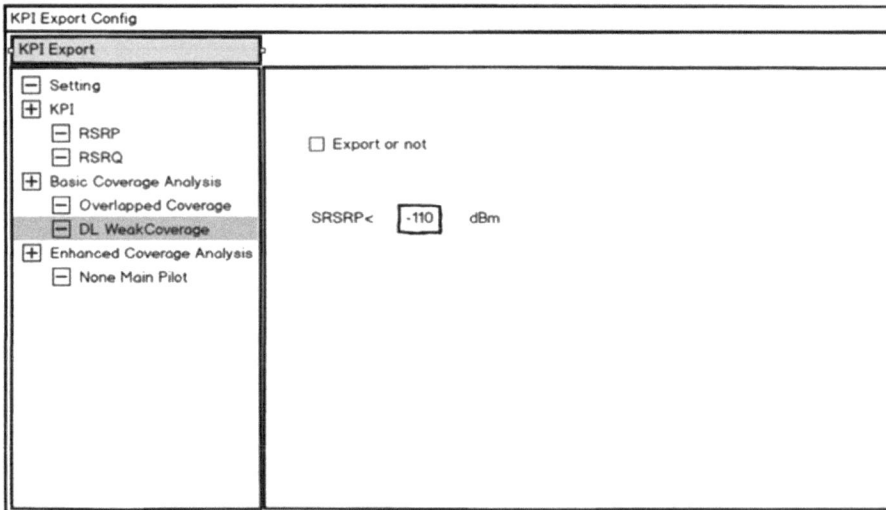

图 2.3.11　下行弱覆盖导出配置

2.3.5　需求分解

2.3.5.1　概述

需求分析输出的软件需求,通常并不是直接用于开发,而是需要在设计分析后进行分解,拆分为具体的任务,也就是 Backlog。需求分解后的 Backlog 更加具体,便于进行工作量估算、优先级评估、Sprint 规划、任务认领以及验收测试。

在 Scrum 中,各种需要实现的任务都可以表现为 Backlog。Backlog 的意思是"积压未办之事",包括用户需求分解后的业务功能、非业务功能,优化改进、待修复的 Bug 等等。

Backlog 列表列举了产品中需要开发实现的功能,是未来产品版本发布的主要内容。

需求分解工作通常由 SM(Scrum master)承担,在版本启动之前的 Sprint0 中完成。

2.3.5.2　Backlog 的主要内容

需求分解后输出 Backlog 的主要内容包括:

(1)Backlog 编号。

(2)上级 Backlog 编号,用于描述分级 Backlog 的层次关系。

(3)Backlog 名称,简明扼要地描述故事。

(4)Backlog 描述,对故事的背景、应用场景和价值等进行说明。

(5)怎样演示(How to demo),一个或多个测试用例,从用户的角度描述怎样操作、演示这个故事。

(6)验收标准(Acceptance Tests),用来判断这个故事是否正确完成的标准,也是故事交付的验收标准。

(7)优先级,根据故事的重要性决定的优先级,优先级越高的故事应该优先实现。

(8)工作量估算,Sprint 开发各个环节的工作量估算合计,包括:

a.开发工作量估算;

b.代码走查工作量估算;

c.测试工作量估算;

d.BA 验收工作量估算。

(9)风险,对故事中可能存在的问题或不明确的地方进行标注。

(10)提出人(用户代表),负责需求澄清。

2.3.5.3　需求分解方法

在用户需求拆分为 Backlog 时,不仅要对需求充分了解,也需要清楚具体的设计实现方案。如果对某项用户需求的具体实现方案还不够清楚,则可以组织开发团队内的所有成员一起进行概要设计讨论,识别出用户需求包含的各种功能点,进而形成 Backlog;或者提前创建一个技术预研型的任务,由专人进行研究。

拆分 Backlog 的粒度一般以 2～5 人天的工作量为宜,最多不超过 10 人天,以便在一个 Sprint 中完成。

需求分解为 Backlog 的具体过程可以从如下几个角度进行考虑:

1. 按流程步骤拆分

如果需求包含若干顺序化的流程,可以按流程的每个步骤拆分为一条 Backlog。例如:

(1)通过主菜单打开功能界面;

(2)输入查询条件;

(3)执行查询,查看查询结果列表;

(4)选择一条列表记录进行修改;

(5)在记录修改界面填写修改内容;

(6)保存修改内容。

2. 按操作类型拆分

按用户的操作类型进行拆分。例如,操作员可能对某种数据进行查询、排序、筛选、查找、修改、复制、批量导入/导出等。

3. 按业务逻辑拆分

如果需求的业务逻辑或业务规则可以分组为不同子集,则可以按业务逻辑拆分为不同的 Backlog。例如,数据导入的需求可以拆分为原始数据发现、原始数据采集、数据格式转换、数据预处理、数据入库等。

4. 按外部接口拆分

根据系统外部接口的不同,可以将需求进行拆分。例如,从数据源采集数据接口、对北向第三方厂商输出数据的接口、对内部其他系统输出的接口等等。

5. 按数据类型拆分

根据系统处理的数据类型的不同进行需求拆分。例如,VIP 用户数据处理、投诉用户数据处理、异常事件数据处理、普通数据处理。

6. 拆分非功能性需求

需求可能隐含有一些非功能性需求,包括性能、可靠性、可维护性、安全性、易用性、数据一致性、环境及限制条件等,也可以拆分为不同的 Backlog。

7. 按实现顺序拆分

如果某项需求太复杂,或有部分细节还未完全落实,可以按实现的先后顺序进行拆分,将部分不紧急、不明确的功能需求暂时搁置,待后续进一步分析和决策。关于实现顺序,可以考虑如下几个方面的因素:

按重要性:先做核心的关键性功能,后做周边的辅助性功能;

按优先级:先做优先级高的紧急功能,后做优先级低的功能;

按依赖关系:先做被依赖的功能,后做依赖其他部分的功能;

按复杂程度:先做简单、明确的功能,后做复杂、不明确的功能。

2.3.5.4　需求分解实例

以一个“网站用户登录”的需求为例,可以分解为如下 Backlog,如表 2.3.1 所示。

表 2.3.1　需求分解 Backlog 示例说明(一)

编号	名　称	简　　介	优先级	其他
1	首页框架	显示网站首页的框架页面	1	……
2	未登录跳转	如用户未登录情况下访问受限页面,则自动跳转到用户登录页面	1	……
3	登录页面	显示用户登录页面,供用户输入用户名、密码、验证码等进行登录,并提供新用户注册界面的链接	1	……
4	新用户注册	显示新用户注册页面,供新用户填写用户名、密码、确认密码、手机号、邮箱、邀请码、头像等信息进行注册	1	……
5	用户协议条款	在新用户注册页面可打开用户协议条款文本进行查看,用户需选择“同意用户协议”才能注册	1	……
6	手机短信验证	如用户选择“手机短信验证”,则通过手机短信发送验证码	2	……

续表 2.3.1

编号	名　称	简　介	优先级	其他
7	邮箱验证	如用户选择"邮箱验证",则通过电子邮箱发送确认邮件	2	……
8	修改用户资料	用户登录后可以修改自己的资料	3	……
9	用户注销	用户已登录状态下,可进行注销,注销后返回"用户登录"页面	3	……
10	……	……	……	……

以"新用户注册"为例简单说明 Backlog 的格式和内容,如表 2.3.2 所示。

表 2.3.2　需求分解 Backlog 示例说明(二)

项　目	内　容
Backlog 编号	104
上级 Backlog 编号	1
Backlog 名称	新用户注册
Backlog 描述	为新用户提供自助式的在线注册页面。新用户可通过此页面填写用户信息,完成注册后成为网站会员
怎样演示 (How to demo)	1. 用户在"用户登录"页面点击"新用户注册"链接 2. 显示"新用户注册"页面 3. 用户输入各种用户信息,包括: ①用户名(必填,仅限英文字母和数字,6～20 位) ②密码(必填,加密显示,6～10 位) ③确认密码(必填,加密显示,6～10 位) ④手机号(选填,采用手机短信验证时必填) ⑤邮箱(选填,采用邮箱验证时必填) ⑥邀请码(选填) ⑦头像(选填文件上传方式,限 JPG 格式,最大 100K 字节) 4. 显示"我同意用户注册协议"复选框及链接,用户点击链接时可弹出"新用户注册协议"页面供用户浏览 5. 用户选择身份验证方式,包括"手机短信验证"和"邮箱验证"两种 6. 用户输入验证码进行身份验证 7. 用户正确完整地填写用户资料、通过身份验证且勾选"我同意用户注册协议"后,"注册"按钮变为可用状态 8. 用户点击"注册"按钮完成注册

项　目	内　容
验收标准 （Acceptance Tests）	【场景 1】用户名重复处理 　1.用户完成用户名输入后,如用户输入的新用户名与系统中已有用户名重复,在页面上以醒目字体进行错误提示,并给出建议的用户名 　2.用户名重复情况下点击"注册"按钮,不允许注册,进行错误提示 【场景 2】"确认密码"错误处理 　1.如确认密码"与"密码"内容不符,在页面上以醒目字体进行错误提示 　2."确认密码"与"密码"不符时点击"注册"按钮,不允许注册,进行错误提示 【场景 3】发送手机短信验证码 　1.未输入手机号或手机号格式不正确时,点击"发送手机短信验证码"进行错误提示,不发送验证码 　2.用户输入正确的手机号后,点击"发送手机短信验证码",系统自动产生 4 位数字验证码并向该手机号发送;发送短信后"发送手机短信验证码"按钮变灰,60s 内不可再次发送 　3.用户手机能够正确接收到系统发送的验证码 【场景 4】发送邮箱验证码 　1.未输入邮箱地址或邮箱地址格式不正确时,点击"发送邮箱验证码"进行错误提示,不发送验证码 　2.用户输入正确的邮箱地址后,点击"发送邮箱验证码",系统自动产生 4 位数字验证码并向该邮箱发送 　3.用户邮箱能够正确接收到系统发送的验证码 【场景 5】完成用户注册 　1.用户资料填写不完整、不正确或未输入验证码通过身份验证或未勾选"我同意用户注册协议"时,"注册"按钮为灰,按钮不可用 　2.用户正确完整地填写用户资料、通过身份验证且勾选"我同意用户注册协议"后,"注册"按钮变为可用状态 　3.用户点击"注册"按钮,系统正确记录用户的各种信息,完成用户注册 　4.注册成功后向用户进行欢迎提示,并自动完成用户登录

项　目	内　容
优先级	1
工作量估算	9
开发工作量估算	4
代码走查工作量估算	2
测试工作量估算	2
BA 验收工作量估算	1
风险	无
提出人(用户代表)	张三

2.3.6　需求沟通

　　了解需求的过程,本质上就是通过和客户交流,搞清楚客户到底需要什么,为什么需要这些东西。在不断的沟通过程中,逐渐挖掘出客户真正的商业目标。这个过程看似容易,但实践起来往往困难重重。因为客户所表达出的需求,往往并不是他真正想要的东西,很可能只是客户根据个人对于产品实现过程的猜测,提出的一种方案,而非真实的需求。而实现该需求的方案可以多种,客户所提出的那种,并不一定就是最优的、最契合需求的方案。所以,当客户说,我要这个功能,我想要通过什么方式来满足某需求的时候,就得提高警惕,避免被客户引入歧途,迷失方向。

　　在《敏捷宣言》(*Manifesto for Agile Software Development*)一书中,对于如何能够透彻地进行需求沟通,作者给出的建议是:让客户参与到项目的开发过程中来。但是,在实际项目执行过程中,由于受到各种条件的限制,客户很难全程参与进来。那么如何弥补这种情况呢? 答案是引入 BA 这种角色。BA (Bussiness Analysis)的首要职责就是与客户交谈,充分了解和分析需求,将其制作成用户故事并将需求传递给开发人员。因此,对外,BA 扮演着客户的角色,是需求的提供者;对内,也具有评价和验收否决的权利。

　　在网规网优产品的敏捷开发过程中,对于客户角色的扮演者,有着更复杂的定义。网规网优产品面向的最终客户是运营商或设备供应商的网优工程师。

这些角色的人员通常都分布在全球各地的外场,并且都有各自的本职工作,显然无法面对面地全程参与到网规网优产品的开发过程中,甚至都难以与产品研发团队进行顺畅的信息传递。在这种情况下,市场规划人员和售后代表的角色应运而生。他们代表着最终的客户,与产品研发团队进行需求沟通。但是,这些角色传达的只是客户语言,无法直接指导开发人员进行开发。研发团队中的产品经理,负责将规划人员和售后代表传达的需求转化为能付诸开发的方案,即进行需求实例化。为了避免因大量的需求需要进行转化,而导致产品经理的输出效率成为研发的瓶颈,产品经理的工作通常会有一个团队来进行支撑,称之为产品团队。理论上,产品团队的成员应该由 BA 来充当。但是,由于 BA 需同时承担繁重的开发任务,对需求的理解有限,需求实例化的过程实际慢慢转移到对业务理解较深,经验更加丰富的少数几位 BA 身上。这些 BA 最后慢慢从项目团队中分离出来,和产品经理一起组成产品团队,专门负责需求的实例化,不再参与开发。项目团队中的 BA,则主要负责将需求实例化后的需求分解为可供开发人员独立认领的故事。

　　需求传递过程如图 2.3.12 所示。

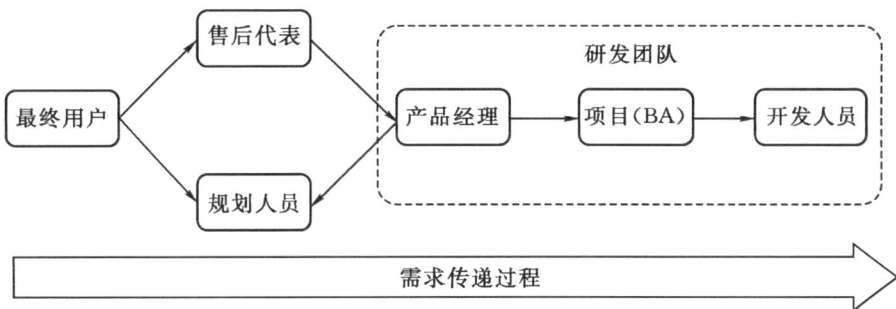

图 2.3.12　需求传递过程

　　从上述需求传递过程可以看出,需求从最终用户,经过售后代表/规划人员,再经过产品团队、BA 等多个环节之后才传递到开发人员,经历了非常冗长的一个过程。如何保证这个过程中的需求沟通不会发生偏差呢?

　　售后代表和规划人员是最接近最终用户的群体,他们会经常深入一线客户,与客户进行直接的面对面的沟通交流,形成初步的需求反馈给研发团队。这个反馈的途径,就是两周一次的需求沟通会。在这个会议上,售后代表、规划人员、研发产品团队三方会参与每一个需求的讨论,达成一致的处理意见。产品研发团队在会后将根据需求讨论的结果,进行需求实例化。这个过程中,研发产品团队会以需求原型界面作为载体,不断与其余两方进行电话、邮件、面对面的沟通,直到方案得到其余两方的认可。

项目团队中的BA,在接到需求计划后,会评估该方案的工作量,并从实现角度提出一些建议。产品团队对这些改变进行权衡,对于其中较大的变更,会再次与售后代表和规划人员进行协商,直到各方再次达成一致。

2.3.7 需求控制

需求实例化过程中,确保需求在启动开发之前合适的时间节点明确下来,在多个团队协作存在前后交付依赖的研发背景下,要求需求明确的及时性更加重要。

例如一个多团队协作的项目,对于每月度交付一个商用版本的交付节奏的情况下,从开发团队角度来看,所期望的理想状态是在开发启动前1~2周需求实例化完成比例占所有该版本实现需求的80%以上,需要给团队间留下一周多协商协作的时间;开发启动之前90%以上需求实例化完成,研发过程允许10%的需求继续实例化完成。该版本开发完成一半时,应该所有需求实例化完成,并不允许再变更需求。

而现实情况并非如此,存在各方面原因,实际经常出现需求在开发启动前只实例化完成30%余,开发时间进行到1/3需求实例化还不足50%,甚至计划的开发时间逼近交付时间节点,仍然有需求还不明确。

需求提出者或者上游需求计划者,对于相当比例的需求,在提出需求时开始,希望越早开发实现越好,往往将需求紧急度提到最高。而实际资源紧张的开发团队已经积压了较多的需求,在需求还未完全实例化完成情况下,列入过多未明确需求到开发计划中会引入较高的风险。在需求规划与需求开发时间之间取得一个平衡,合理的需求实例化完成比例是提前2周30%需求实例化完成,开发启动前60%需求实例化完成,开发初期将所有需求实例化完成。如图2.3.13所示的是需求实例化完成比例对应的几种类型。

项目中多团队协作的情况下,存在上下游衔接的情况,例如平台开发团队交付成果物作为业务开发团队的输入条件,则平台开发团队交付计划要早于业务开发团队,以便上下游开发交付顺利顺畅地进行。首先业务需求分析,提炼出业务团队独立的需求有限开发,依赖平台的需求提炼出平台团队需求由平台团队优先开发。平台团队与业务团队之间协商各自交付成果物的时间节点。依赖平台团队必须先交付成果物后业务团队才能进行的业务功能开发的需求是保持团队之间密切沟通的重点需求。如图 2.3.14 所示为描述业务团队与平台团队协作完成需求实例化的过程。

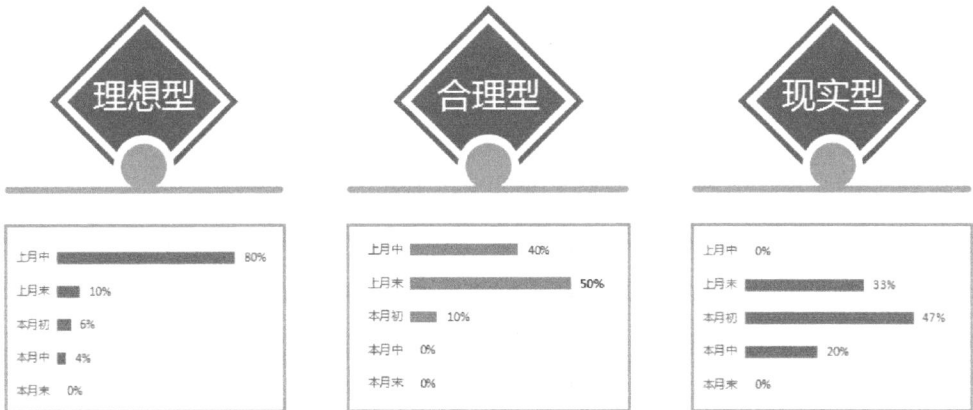

图 2.3.13　研发阶段需求实例化比例

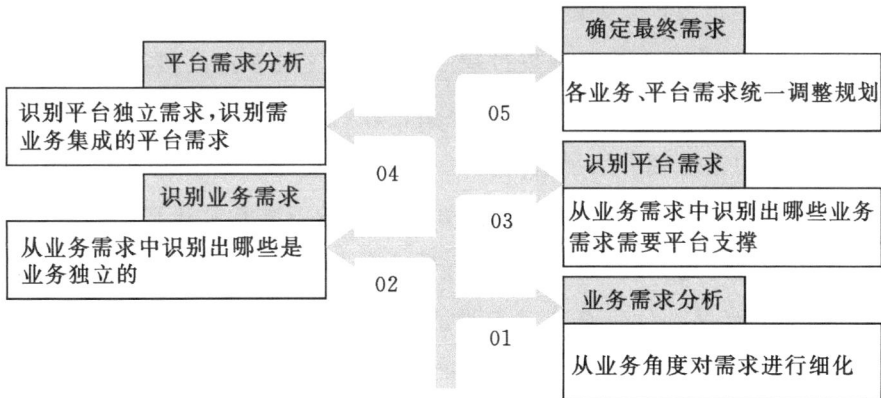

图 2.3.14　研发阶段需求实例化比例

第4章

UX 设计

2.4.1　UX 设计工作描述

　　近年来,设计行业发展得非常迅速。人们逐渐认识到设计本身能够为产品和市场带来的价值,设计也受到越来越多的关注和重视。但目前在国内,界面设计的相关概念对于很大一部分人来说仍旧陌生,甚至对于一些设计、编程人员也是如此。很多人对于界面设计师的认识还停留在"美术、美化"阶段,并没有认识到界面设计中逻辑交互、用户体验、可用性程度的重要性。另一方面,特别在早期,技术层面显然比实际使用层面更受商家重视,许多商家认为用户界面的设计只是核心技术之外的次要辅助,只是起到美化作用。在整个开发流程中,界面设计也经常处在产品研发过程后期阶段,无关于产品核心功能的开发,仅仅是界面的美化。特别是手机交互界面设计,很多独立设计公司更多的是单纯从美观效果的角度或者从手机的技术结构的角度出发。在这种情况下,界面设计体现的是技术人员的理解,但由于知识背景的不同常常让真实的用户难以接受。更为关键的是,当产品最终完成后,一旦发现产品的设计难以被用户接受,再重新设计产品的代价是非常昂贵的。但幸运的是,近年来国内一些大型的民族企业已经开始意识到,可用性在产品设计中的运用可以给企业带来的巨大商机和利润。例如百度、腾讯等企业都设有专门针对可用性及用户体验的研究机构。很显然,设计在未来产品衍生中将发挥越来越重要的作用!

　　人机交互界面亦称用户界面(User Interface),是指人与产品进行交互的方式与方法。优秀的科学家 Jef Raskin 认为:界面是一种使用产品来完成任务的方式。对于软件产品而言,用户界面设计又分为编码设计和 UX(User experience,用户体验)设计两部分。本章着重针对软件产品的用户界面 UX 设计做出描述。

在笔者看来,用户界面的设计工作其实在于平衡人、机器和界面三者之间的关系。当我们对机器进行输入、点击等操作,机器上的界面就会给我们相应的提示或反馈,我们是通过一系列指令与机器和界面交流的。在此基础上,界面设计师不仅要考虑界面的美观与否、图形的易懂程度——视觉,更要考虑界面与人的交流方式——交互,还要考虑用户在使用产品时的流畅程度和满意程度——用户体验。随着响应式交互设计的兴起与发展,界面设计中的动态效果越来越受到人们的重视,动效设计逐渐形成了一个独立的发展方向。所以,在 UX 设计行业,视觉设计师、交互设计师、动效设计师和用户体验研究员 4 种职位应运而生。

其中,视觉设计师主要针对界面外观的视觉效果进行设计,力求在界面上达到表意清晰、界面美观,准确表达产品个性特点,甚至达到让用户感到愉悦、满意的目的。

交互设计师则主要在产品的图形界面产生之前,对产品的内容布局、操作流程、树状结构、操作规范等进行设计规划。

动效设计师主要对产品中需要出现的动态效果进行设计,例如产品的新手引导、缓冲动画等等。

用户研究工程师为了保证产品质量,需要对产品进行测试,也需要对用户行为习惯、使用环境、使用心理等进行调查研究,以得到改善或优化产品的有力数据。

基于可用性的智能手机界面设计流程分为三个阶段:

第一阶段主要内容为立项、调研分析、结论。

第二阶段为概念生成、交互、交互界面、视觉、内部发表。

第三阶段为研发、测试、产品上线。

UX 团队工作在我们部门是按照如下方式开展的。

UX 团队由产品经理助理牵头,带领 UX 设计师参与市场的需求讨论,深刻理解用户,使产品的设计更符合用户的需求;组织研发团队对 UX 团队输出的视觉图、交互图进行评审,并且在开发过程中对之前输出的设计进行跟踪,保证开发工作按照 UX 设计高效一致性进行;配合测试团队完成产品的测试,验证产品与之前讨论需求以及设计的一致性,在产品上线后,通过商用团队获取用户反馈,从而可以迅速地推动产品的迭代优化,使产品在市场中处于不败之地。

UX 设计在研发流程中的位置如图 2.4.1 所示。

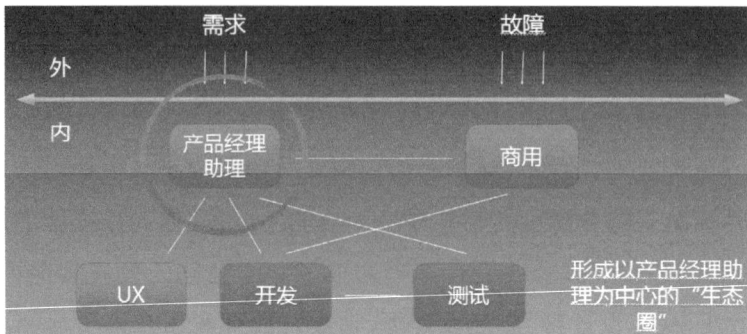

图 2.4.1 UX 设计位置

UX 团队与其他团队的合作方式,如图 2.4.2 所示。

UX 团队需要从交互逻辑和视觉两方面走查前端开发同事的开发成果,从交互逻辑方面走查后端开发同事的开发成果。测试团队输出的测试用例,需要经过 UX 团队的评审,以测试开发团队开发出的产品与 UX 团队设计的交互流程、视觉等效果是否一致。

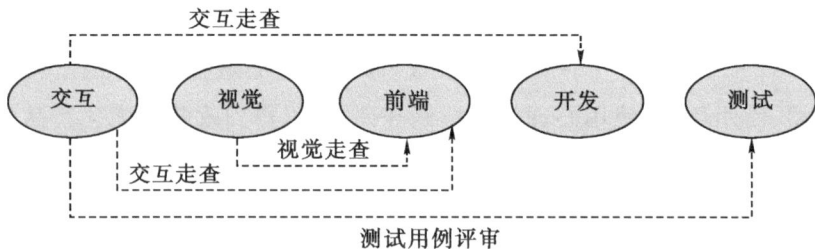

图 2.4.2 UX 设计工作流程

2.4.1.1 立项分析阶段

首先应完成立项书和需求说明书。其次进行调研分析里的上代产品调研、分析。具体为:消费者调研、分析,竞品调研、分析,行业标杆调研、分析,相关产品调研、分析,可替代产品调研、分析。最后形成商业目标、产品定位、重点人群、设计诉求。在 UX 设计的第一阶段中,消费者调研、分析是重中之重,具体又分为定量和定性分析。

1.定量分析

(1)问卷调查:通过问题的设定,了解消费者对某种产品的喜好、购买行为、购买动机等;同时发掘消费者的需求。

(2)入户访问:进入消费者家庭,与消费者针对产品的使用情况,包括如何使用、使用中遇到的问题等进行深度谈话。入户访问可以将问卷的问题更加深入。

(3)邮寄调查:用户通过自己填写完成问卷内容,其中包括使用产品的过程、使用中的问题和整体感受。这样做让用户更主动地配合调查,让调查过程更具互动性。

(4)神秘顾客:神秘顾客是指隐藏其身份以购买特定物品或消费特定的服务,并完整记录整个购物流程,以此测试产品、服务态度的特殊顾客。

2.定性分析

(1)深度访谈:深度访谈是社会科学质性研究的一种主要方法,它通过与被调查者深入地交谈来了解某一社会群体的生活经历和生活方式,探讨特定社会现象的形成过程,并提出解决社会问题的思路和方法。

(2)座谈小组:寻找有针对性的典型用户,对产品的消费、使用等方面进行座谈会形式的访谈活动。这种方法有利于及时了解典型人群的购买驱动及喜好等。

(3)观察法:观察法是有目的、有计划地通过对被试言语和行为的观察、记录来判断其心理特点的心理学基本研究方法之一。

(4)卖场调研:卖场调研是最好反映消费者购买心理及购买趋向的方式。被访者是销售人员和消费者。卖场调研可以从不同角度直接反应品牌及产品的各种问题,是市场品牌分析中常用的一种调研方法。

2.4.1.2　概念和设计阶段

首先形成概念:建立用户模型,使用场景,操作过程、头脑风暴——概念创意、筛选概念。

其次进行交互设计:定义功能模块,定义交互逻辑,完成设计后进行内部发表与测试。

交互设计是一种设计手段,它使得产品的实现形态更加接近用户的心理形态,从而让用户更加高效地完成自己的目的。交互设计一般涉及到的五要素是人、行为、目的、环境、媒介。

交互设计主要分为两个部分:概念设计和原型设计。

1.概念设计

产品设计的前期需要有很多的前期准备,概念设计主要从以下几个角度分析:

(1)了解用户的需求,并且可以满足用户。

(2)征求客户对产品设计的要求和意见,并了解其他公司产品的分布情况,以便更好地定位产品。

(3)在产品设计前期中利用足够的时间来进行统计、调查和验证用户对同类产品的意见。以问卷的形式或是网络调查投票的形式调研,扩大调查统计数量,以此来分析用户的实际需求。

(4)对比分析同类型产品市场的分布情况、特色及缺点,对于受顾客欢迎的产品要有针对性的研究,抓住用户的需求点,做出自己产品的特色功能,才能够畅销。

(5)从用户的角度出发,抛弃个人的偏见,换位思考后再对产品进行完善。

根据用户群体、产品解决的痛点、竞品的优劣势分析后,列出产品的功能点和简单的交互,列出产品脑图如图 2.4.3 所示。

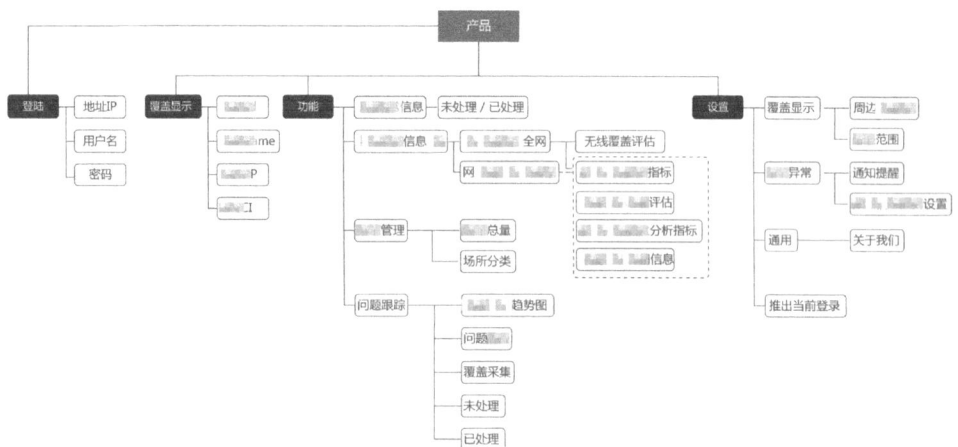

图 2.4.3　产品脑图

2.原型设计

原型设计让设计师和开发者将基本的概念和构想形象化地呈现出来,让参与进来的每个人都可以查看、使用并且给予反馈,并且在最终版本定下来之前进行必要的调整。原型可以具体到信息的布局和传递,从框架细化到内容。

在项目开始之初,对每个元素进行调试并确保它们能够如同预期一样运作,这是相当重要的步骤。完成可交互的原型之后,将它作为一个成型的界面来使用,看看它能否带来预期中的体验。

由于绝大多数的客户本身并不懂得设计知识,也不懂得编程知识,而原型为他们直观地展示出了设计框架或者说模型,让他们明白它们的基本外观和运作的机制。

交互设计师常用的交互软件有 Axure,Balsamiq,Mockups,Pencilsketch等,但有的设计师也会直接在纸上手绘草图来设计原型。原型设计上主要注意页面布局和交互两点内容。

页面考虑到用户习惯及系统的规范,一般常用的是 F 式布局,有个不容忽视的规律:阅读一般是从上到下,从左到右的;另外使用一般常见的页面布局,比如通栏布局、环绕式布局、穿插式布局等。简单的页面布局可以增加可读性,如图 2.4.4 所示。

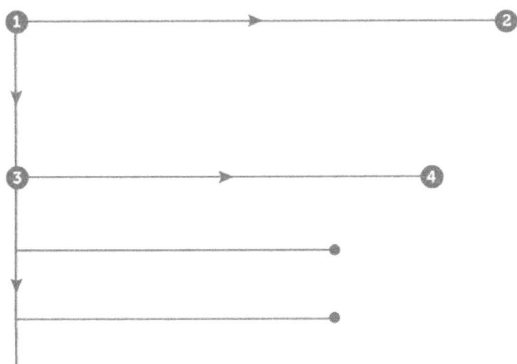

图 2.4.4　F 式布局

布局设计中不仅考虑视觉热区,还要根据操作考虑到手部热区对于内容关键性布局。根据以下用户调研的持机姿势可以看出单手持机为主流用户习惯,因此界面布局应主次清晰,方便用户阅读,如图 2.4.5 所示。

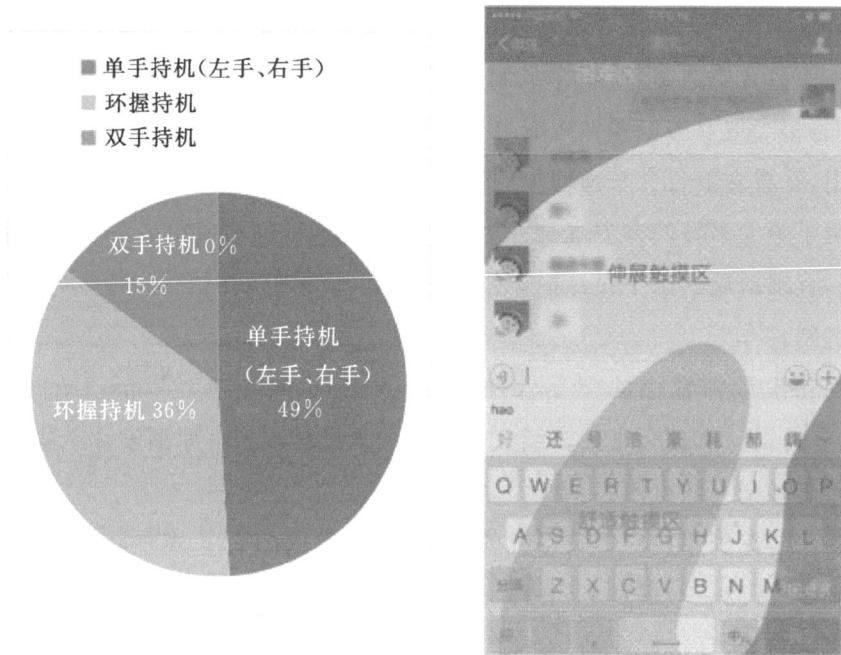

图 2.4.5　视觉热区

对于交互方面,PC 端交互分为单击和双击,一般较为简单,但移动端交互相对复杂,一般按照用户习惯来设定,总结分为以下几点(见表 2.4.1)。

表 2.4.1　用户习惯的交互

动作	交互效果
轻击	用于选择一个控件或条目
双击	快速放大或还原。比如在浏览网页或图片时,双击放大视图,再次双击还原
拖动	滚动或平移块状对象。比如在查看地图时有此手势应用
滑动	快速地滚动或平移。比如在查看图片集时,左右滑动可快速切换上一张或下一张图片

动作	交互效果
捏或伸	用于设备有多点触摸支持时,放大或缩小。比如在查看地图、照片时有此手势应用
长按	长按在 Android 平台属于较常用的手势,应用比较广泛。比如在列表视图中,长按列表项可弹出上下文菜单;在文本框中,长按弹出上下文菜单,提供复制/粘贴、输入法选择,等等

基于以上用户体验考虑到的问题,再根据我们思维导图中的功能完成各个界面设计,注意每个界面的交互状态以及选择状态的界面,设计完成之后则按照脑图的交互顺序将页面排序,举例如图 2.4.6 所示。

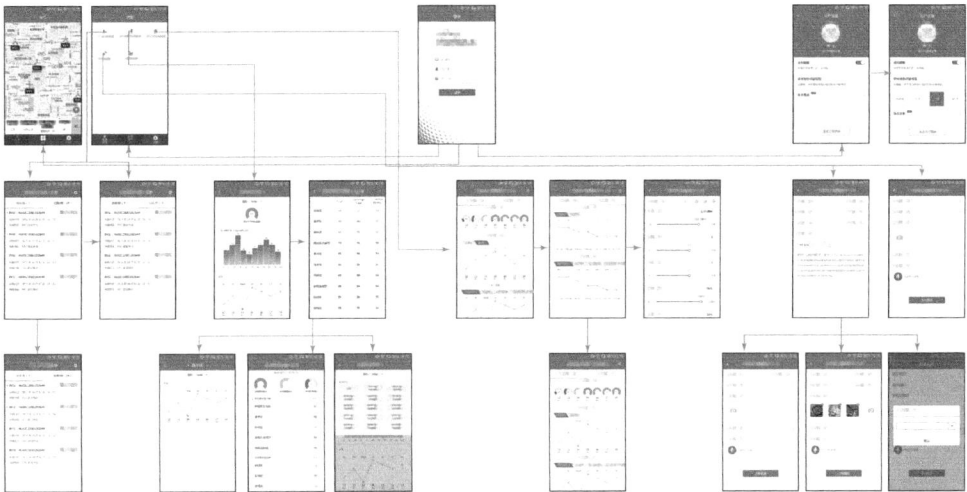

图 2.4.6　产品交互图

这样的设计方案让开发更轻松、节约金钱和时间,更简单的协作意味着更简单的反馈,使客户和我们达到双赢的效果。

在产品的交互设计部分完成后,则进行用户界面视觉设计阶段。界面设计即在原型设计的基础上,增加图形、文字、色彩等元素将页面设计为常见的用户使用界面,这些视觉元素传递出他们潜在的运动和视觉方向,并且暗示你接下来该看什么内容,如图 2.4.7 所示。

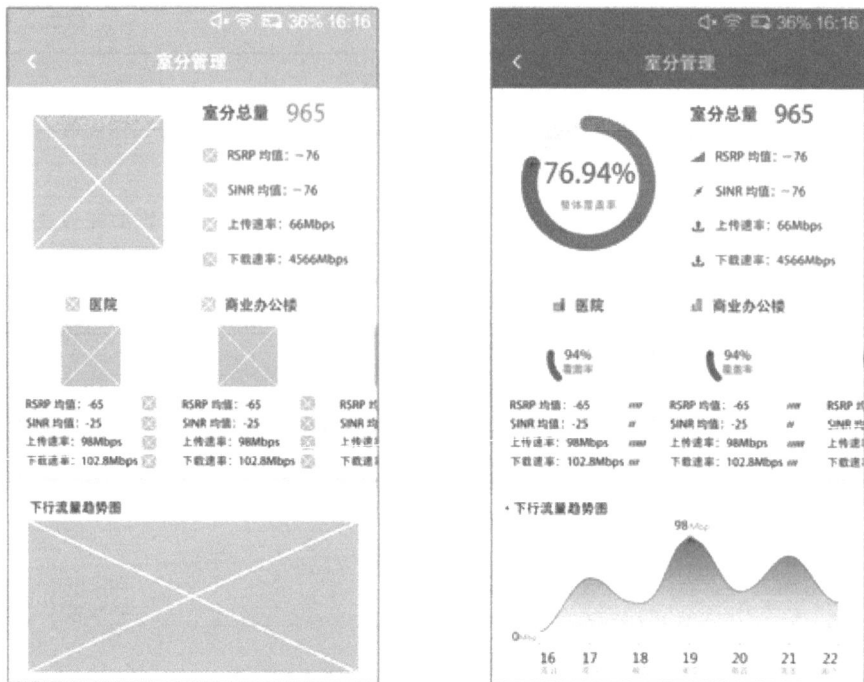

图 2.4.7　交互设计和视觉设计

对于图形设计,讲究图形的统一性。例如图标正负型统一性,图形效果、图片色彩饱和度等内容的统一设计。适当地增加图标来代替常见的功能,例如设置、搜索等,可使得页面更加简洁易读。

对于文字,应按照系统规定的中英文字体设计,控制字体种类,再根据页面排版适当地调整字体大小。

UI用户界面要求色彩统一。一般情况下由一种颜色作为主色,再通过合理配色选择一到两种颜色作为辅色。过于花哨的页面会降低阅读效率,给设计师造成误解,还会约束设计师的思考,必要时可以用文字或者直接转述进行说明。

界面设计主要讲究页面简洁,清晰明了,避免设计元素过于抽象。表示i-con和button,还有图片缺省的控件样式要区分开来,并用通用符号或者样式去表现,做到通俗易懂。这样也同时方便了工作交接,以后不论是谁接手这个产品都容易达成一致的理解。

2.4.1.3 实现发布阶段

首先将完成的界面设计方案在内部进行发表讨论。在方案通过后,则进行研发工作:输出所有文件,帮助工程师顺利理解交互逻辑及各种相应效果。然后对产品进行可用性测试、产品级测试,及时修改重大问题、细节微调,为下次迭代开发保留数据。最后产品上线,收集市场反馈。具体如下:

1.内部发表

提交交互演示图和视觉设计界面后,组织整个产品开发团队进行评审本次设计的产品。讨论时,需结合产品最初的项目背景、项目目标、需求概述和需求详细描述、后期开发有可能遇到的问题、项目风险(说明此次版本可能带来的问题或考虑不够完善的地方)和业务流程图(对某些复杂功能/逻辑的分解)。通过充分深入的讨论,可检测本次设计是否达到预想商业目标、产品定义,衡量产品的整体呈现是否满足最初的规划定位等(见图 2.4.8)。

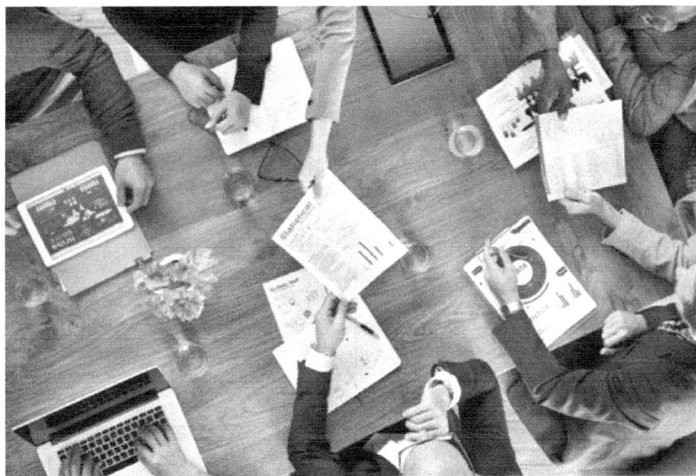

图 2.4.8 讨论评审

根据本次内部评审的结果,进行修改或者进入下一步研发阶段。

2.研发

输出所有文件资源。

以智能手机为例,现有的智能手机操作平台很多,例如 Symbian(塞班)、Android(安卓)、IOS、Windows、Plam 等。其中 IOS 和 Android(安卓)两大系统为现有最主流的操作平台。不同平台的界面设计包含不同的固定布局和控件,也会有不同的视觉规范及特有的换算方式。

从界面设计规范上来看,IOS 和 Android 系统虽然一直都在不断进行迭代更新,彼此融入性也越来越高了,但从典型界面上看,还有许多不同之处:

从实体硬件上说,IOS 只有一个实体按键——Home 键。Home 键有多重功能:按一次为返回功能,可以回到桌面;连按两次,则出现多任务界面,可以关闭后台应用。指纹解锁区域用于屏幕解锁。Android 原生系统中,不论硬件还是屏幕的虚拟按键一般为三个或四个。Android 之前的版本中虚拟机的按键一般是四个,分别是返回键、主页键、菜单键和搜索键四键。在之后的 Android 系统版本中,按键一般为 Back 键、Home 键和多任务键三个。其中与 IOS 中 Home 键的返回功能不同,Android 的 Back 键为页面上的上一级返回,并非为了直接回到桌面。其中,此处物理按键的 Back 键与页面中二级页面的返回箭头虽然在某些情况下具有同样的功能,但其本质是有区别的。二级页面中的返回箭头是为了让用户能够回到当前页面的上一级页面,若当前页面本身就属于该应用的顶层页面,则就不会需要这个返回箭头的按钮了。

从界面尺寸上说,IOS 智能手机目前主要分为 iphone4S/5C/5S/6/6plus 5 种,如表 2.4.2 所示,每种机型的界面尺寸都不同。

表 2.4.2　IOS 每种机型的界面尺寸

设备	分辨率	状态栏高度	导航栏高度	标签栏高度
iphone6 plus 设计版	1242×2208	60px	132px	147px
iphone6 plus 物理版	1080×1920	54px	132px	147px
iphone6	750×1134	40px	88px	98px
iphone5s	640×1134	40px	88px	98px
iphone5c	640×1134	40px	88px	98px
iphone5	640×1134	40px	88px	98px
iphone4s	640×960	40px	88px	98px
iphone4	640×960	40px	88px	98px

同样,安卓系统下的智能手机机型众多,也有多种尺寸(见表 2.4.3 所示)。

从字体上说,IOS 默认字体为 Helvetica Nenu,是一种给人感觉较为简洁、形态上较为纤细的字体;而 Android 默认字体为 Droid Sans,这种字体和微软雅黑字体在形态上很相像。

表 2.4.3　安卓每种机型的界面尺寸

密度	Ldpi	Mdpi	Hdpi	Xdpi	XXdpi
密度值	120dpi	160dpi	240dpi	320dpi	480dpi
主流分辨率	240×320	320×480	480×800	720×1280	1080×1920
Dp	1	1	1	1	1
Px	0.75	1	1.5	2	3
比例	3	4	6	8	12

3. 测试

产品级测试:根据实现的界面、测试版本,进行交互设计以及视觉界面的测试走查。从注册界面开始,将所有功能都测试一遍,针对和最初设计不符或者人机交互有问题的界面进行标注说明,提交走查报告,如图 2.4.9 所示。

开发人员根据走查报告的内容针对每一项 BUG,对重大问题进行及时修改。对于和视觉设计界面不相符的地方,通过和设计人员进行沟通,微调细节,直到达到理想的效果。在此过程中,需注意保留数据,以提高下个迭代的开发效率。

4. 产品

在完成全部走查项及修改后,产品即可发布上市了。待审核通过后,用户就可以从各大应用上下载 APP,体验我们的新产品了。

5. 收集市场反馈

收集用户反馈是一个促使产品成长的关键环节,尤其是负面的反馈信息。也许一开始,这些评论会让产品设计人员不舒服,但在这里面总隐藏着一些价值点。甚至连比尔·盖茨也喜欢用户反馈:"我们都需要能够给予我们反馈的人,这是我们能够提升的源动力"。

图 2.4.9　走查报告

通过认真追踪市场的信息反馈并对现有的产品进行检查,可以帮助我们更好地继续优化新的版本,让产品更好地贴近市场,为产品提供更多的市场价值奠定基础。

2.4.2　本章小结

UX 设计对于产品而言,是最直接向用户展示产品的需求、功能以及想要达到的目的,用户第一次接触产品看到和使用的都是产品的界面以及交互的方式,所以每一个产品都应该注重 UX 设计以及用户体验的重要性,站在用户的角度去理解用户的需求、操作与感受。随着人们对产品需求的不断提高,好的设计,不仅要让用户觉得产品有视觉冲击力,用起来很顺手,还要想要去用。我们应该为用户创造良好的体验过程,提高用户对产品使用的愉悦感,使用户与产品之间达成精神层面上的一致,让两者的关系连接得更加紧密。

第5章

设计与实现

2.5.1 迭代开发

在迭代式开发模型中,整个开发工作被组织为一系列的短小的、固定长度(如2~4周)的小项目,被称为一系列的迭代。每一次迭代都包括了定义、需求分析、设计、实现与测试。采用这种方法,开发工作可以在需求被完整地确定之前启动,并在一次迭代中完成系统的一部分功能或业务逻辑的开发工作。再通过客户的反馈来细化需求,并开始新一轮的迭代。

迭代开发的优点:

(1)降低风险。

(2)得到早期用户反馈。

(3)持续的测试和集成。

(4)适应变更。

(5)提高复用性。

迭代开发的特征:

(1)在进行大规模的投资之前就解决了关键的风险分析。

(2)使得早期的用户反馈在初始迭代中就能出现。

(3)对各个目标里程碑提供了短期的焦点(阶段性的中心)。

(4)对过程的测量是通过对实现的评定(而不仅仅是文档)来进行的。

(5)可以对局部的实现进行部署。

敏捷开发以用户的需求进化为核心,采用迭代、循序渐进的方法进行软件开发。在敏捷开发中,软件项目在构建初期被切分成多个子项目,各个子项目的成果都经过测试,具备可视、可集成和可运行使用的特征。换言之,就是把一个大项目分为多个相互联系,但也可独立运行的小项目,并分别完成,在此过程中软件一直处于可使用状态。

敏捷开发使用了迭代开发模型,是当下最流行的开发模式,我们以一个敏捷开发项目为例,详细描述迭代开发的过程。

在本案例中我们采用敏捷开发(使用迭代开发模型),使用 SWF 系统作为故事墙,使用 EC 系统作为故障提交系统。

敏捷开发将一个大项目拆分成几个子项目,每个子项目又拆分成若干功能,每个功能又拆分成若干个故事点,故事点是一个可用可测试的单元。从时间上来说,每个子项目会安排 1～8 个 Sprint,每个 Sprint 一般为 1～2 周,这样一个子项目大概有 1～3 个月。

第一,在项目启动阶段,团队对功能进行分析,将需求拆分成若干个故事点,然后对故事点的工作量进行评估,工作量中包括开发、走查、测试、检查等步骤,同时对故事点的重要性也进行评估,给出相应的权重,以确保重要任务优先完成。

第二,在开发阶段,由团队 SM 向团队成员分配故事点(也可以由团队人员自己认领),开发人员在开发过程中不断更新自己名下故事点的状态,从 Hold 到 In Dev. ,最终到 Dev. Complete。

故事点达到 Dev. Complete 后,需要由另一名同事进行代码走查(Review),或者也可以由团队定期组织代码走查会议,集中进行走查,检查代码中的错误、遗漏以及性能效率等问题。

代码走查完并由开发人员进行修正后,故事就来到了测试阶段(For Test),测试同事根据故事编写测试用例(测试用例可以和开发同步进行)和测试代码,对故事进行测试。除了常规的可用性测试、功能点测试,还可以有正确性测试(检查算法实现)、压力测试(检查大数据量、并发、多任务并行等)。

测试中发现的问题,测试同事需要及时提交到故障系统(EC),故障经 SM 指派后,自动推送给相关开发人员,开发修改后,流程自动走到故障提交人,再由提交人进行复测。经过几次开发→测试→修正→复测之后,当测试同事确认功能已无明显问题后,该故事点就来到了 BA Checking 阶段。

在 BA Checking 阶段,由团队 BA 对故事点进行走查和复测,检查该故事点的实现是否满足需求的要求,是否可用,是否正确,以及效率和性能等方面。

BA 检查完后,该故事点迁移到 Done 状态,即为可发布状态。

图 2.5.1 所示为故事点在开发阶段的过程。

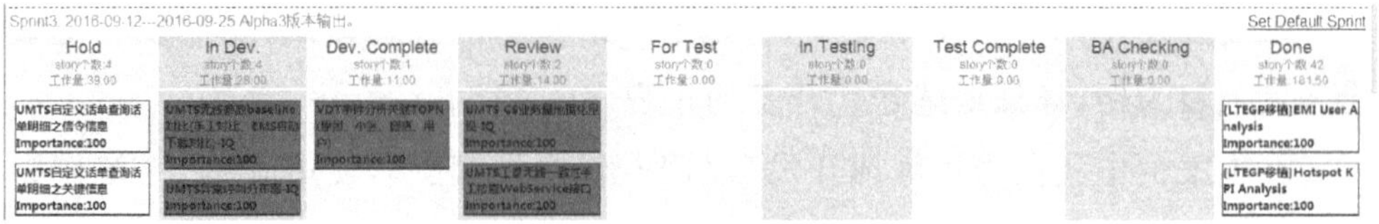

图 2.5.1　故事点在开发阶段(SWF)

图 2.5.2 所示为故事到完成状态。

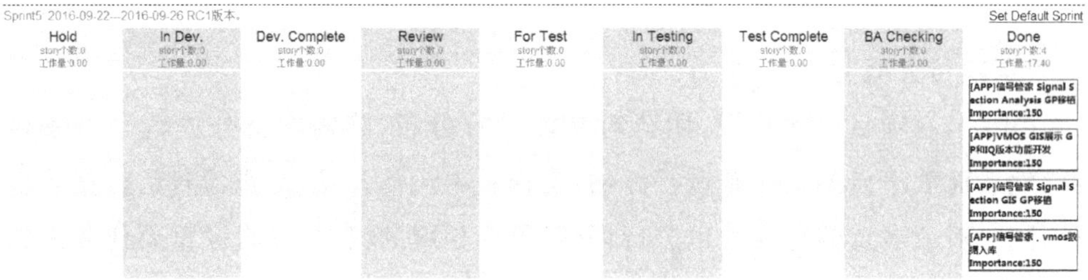

图 2.5.2　故事进行到 Done 状态(SWF)

图 2.5.3 所示为对故事测试,发现问题提交到故障跟踪系统。

	实体名称	编号	主题	状态名称	组织名称	当前处理人	更新人	最后更新时间
1	开发故障	614005538211	【NetMAX-M 16.30.20 GP 待处理					2016-10-27 16:3
2	开发故障	614005514538	【16.30.10 GP L性能优化待处理					2016-10-27 16:3
3	开发故障	614005507550	【16.30.10 GP 投诉用户待处理					2016-10-10 09:(
4	开发故障	614005504443	【NetMAX V16.30.10】3/ 待处理					2016-10-10 09:5
5	开发故障	614005470697	【NetMAX-M 16.30.00 GP 已提交					2016-09-08 15:3

图 2.5.3　故障提交

第三,当该子项目的所有故事点都进行 Done 状态,则表明该子项目进行到发布阶段,在这个阶段,会进行一次整体的功能验收测试,并对测试出的问题进行评审和整改。整改完成后,版本就可以对外发布了。

第四,在每个迭代完成后,可以进行一个回顾会,用来回顾本次迭代中的问题和优点,对于问题进行评估整改,对于优点进行保持推广。

第五,在每个子项目的开发过程中,由于所有故事点都在 SWF 中记录着,所以可以使用 SWF 的数据进行统计,再结合故障系统,就统计出本次开发过程中的各项 KPI 指标,如故事平均时长、故事开发时长、单功能故障数、测试时长、故事点数燃尽图等等。这些 KPI 可以反映这一次迭代开发中的问题,可以作为下个迭代计划的参考。如果故事点开发时长过长,则需要对故事点再进行细化;如果故事点时长和开发时长偏差较大,则需要加强对故事点时长的评估。

采用迭代和增量开发技术不是只影响到开发人员和其他涉及项目的技术人员的纯技术决策。它代表着设计和发展项目所采用的方式的根本变更,一个影响到每个参与项目的人的变更。因此,迭代开发要求整个项目团队改变工作和交互的方式。

迭代开发是针对问题解决和解决方案开发的基于团队的方法。它要求所有参与的人——包括开发团队、客户团队和管理团队,都采用协作的方式。

从开发团队的观点出发,采用迭代和增量开发是需要授权的,并要求团队成员积极进取,用他们认为最适当的方式处理项目危机和难题。通过设置清晰的目标和客观地度量结果(但不指示活动)来管理迭代,可以确保轻松地找到最佳的方式来交付成果。

从客户和业务团队的观点出发,引入清晰有意义的目标,并结合回顾可论证成果的能力,可以使那些最终使用新软件的人在项目中发挥积极作用,并与开发团队分享所有权。迭代对所有涉及项目的业务人员产生深远且长久的影响,并且从根本上改变了他们规定、支付,同时也是实现软件解决方案商业利益的方式。

从管理团队的观点出发,每个项目都被分解为一系列小的项目,称为迭代,每个迭代都建立在前一个迭代的结果之上,并不断增加地实现项目的总目标。当授权开发团队创造革新的且有效的解决方案时,这种对项目的分割引入了常规的,可度量的,使项目保持正轨的里程碑,对项目的分割也对风险进行分割,将项目成功的概率最大化。

2.5.2　持续集成

1. 持续集成定义

持续集成(Continuous Integration,CI),极限编程的实践之一,指团队经常集成他们的工作(一旦有新代码 Check In),每次集成都通过自动化的构建(包括编译、部署、自动化测试等)来验证,从而尽快发现错误。

2.持续集成活动

持续集成对于产品级敏捷是必不可少的,CI 使得全产品集体代码所有权成为可能,并且增加了对开发和系统质量的可见性。

CI 是一种开发人员的日常实践,需要开发人员改变以往的工作习惯,遵守项目或团队制定的相关纪律,比如频繁地同步代码和提交代码,CI 当前"绿灯"(正常)时才能提交代码,提交前先在本地集成,CI"红灯"(失败)必须被快速修复,等等。

开发人员众多的产品级敏捷,对 CI 提出更高的挑战(CI 失败的可能性增加,因规模过大而引起 CI 反馈变慢)。常见的应对措施包括:CI 失败时自动回滚代码,想办法加速 CI 的反馈速度,搭建多级 CI(也被称为"部署流水线"),等等。

CI 失败时自动回滚代码,是为了避免 CI 长时间失败而阻塞其他人员的代码提交。

常见的加速 CI 反馈速度的措施包括:添加硬件、并行化、改变工具(如编译器、版本管理系统)、增量编译、增量部署、管理依赖关系、重构测试等等。

多级 CI 将构建分解在不同的反馈周期中执行。在最低级有包含单元测试和部分功能测试的非常快速的 CI 构建(小于 10min),当这个 CI 构建成功时,它就会触发一个包含较缓慢测试的高级别构建(高级别的构建也可能是定时被触发,比如每天半夜)。项目越大,就可能有越多的级别。

CI 团队为项目准备和搭建相应的基础设施,主要负责项目层面 CI 环境的搭建和维护,以及项目 CI 活动(版本编译、构建、检查、统计等),以保证团队每天都有可用的版本。

3.持续集成可视化管理

在产品研发团队自主研发的 SWF 系统中,可以配置持续集成功能,操作如下:

通过[Product]→[Config CI]菜单可以打开持续集成配置页面,在该页面中用户可进行版本持续集成的新增、修改、删除操作,如图 2.5.4 所示。

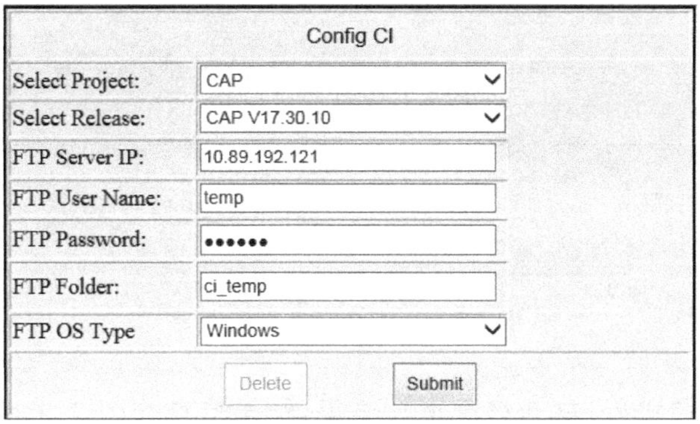

图 2.5.4　持续集成配置页面

4. 持续集成相关信息的填写规则

（1）该功能必须用户有此权限才能进行持续集成配置的操作；

（2）必须选择配置持续集成的项目和版本名称；

（3）FTP 服务器的 IP、用户名、密码、持续集成文件夹以及操作系统不能为空。

在选择持续集成的项目、版本后，如果该版本还未配置持续集成的相关信息，则认为是该版本新建持续集成的配置，用户根据填写规则依次填写相关信息后点击"Submit"按钮即可。

在选择持续集成的项目、版本后，如果该版本已配置持续集成的相关信息，用户对这些已填写的信息根据填写规则进行更改后点击"Submit"按钮，则认为是对已有持续集成信息的更改操作。

在选择持续集成的项目、版本后，如果该版本已配置持续集成的相关信息，下面 FTP 的相关信息会自动显示，用户点击"Delete"按钮则认为是对该信息的删除。

SWF 系统每天凌晨自动获取各个团队 Hudson 服务器上的 CI 信息，因此，在 SWF 中还可以查看持续集成的统计信息。通过［Metric］→［View CI Statistic Result］菜单可以打开持续集成统计页面，可以查看各团队的所有构建状态信息。

在弹出的对话框中选择某一项目名称和查询日期，点击"Query"按钮，进行 CI 构建结果的统计，如图 2.5.5 所示。

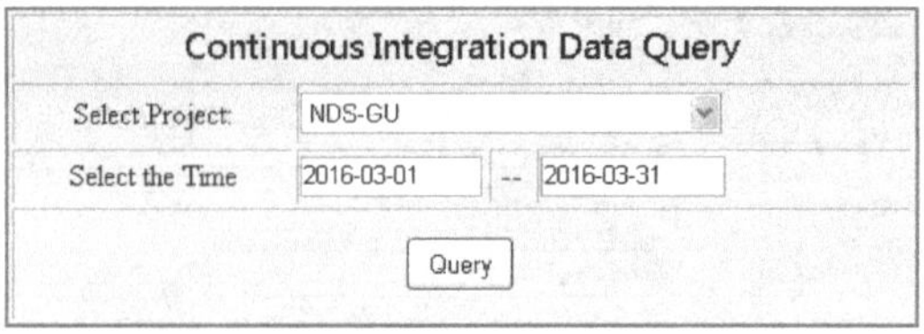

图 2.5.5　查询名称日期页面

SWF 统计完成后,自动显示统计结果,结果信息如图 2.5.6 所示。

The Statistical Results of CI Between 2016-03-01 and 2016-03-31

No.	Project	Pipeline	Job Name	Successful	Failed	Unstable	Aborted	Not Built	Total Builds	Success Rate	Actual Time Interval
0	NDS-GU	NDS_GU_Linux	CppNcss Check	32	0	0	0	0	32	100.00%	2014-11-01 ~ 2016-10-19
			Linux_GU_Build	32	0	0	0	0	32	100.00%	2014-08-01 ~ 2016-10-19
			Linux_GU_CopyPackage	32	0	0	0	0	32	100.00%	2014-08-30 ~ 2016-10-19
			Linux_GU_CPPCheck	32	0	0	0	0	32	100.00%	2013-08-31 ~ 2016-10-19
			Linux_GU_Setup	32	0	0	0	0	32	100.00%	2014-08-01 ~ 2016-10-19
			Linux_GU_SmokeTest	0	0	0	0	0	0	0%	2014-12-17 ~ 2015-04-21
			Linux_GU_UnitTest	32	0	0	0	0	32	100.00%	2014-08-30 ~ 2016-10-19
			Linux_GU_Update	32	0	0	0	0	32	100.00%	2014-08-01 ~ 2016-10-19
			NDS-GU_Linux_SmokeTest	29	0	1	0	0	30	96.67%	2014-08-28 ~ 2016-10-20
		NDS_GU_Solaris	74_solaris_build	24	2	0	1	0	27	88.89%	2014-11-15 ~ 2016-10-17
			74_solaris_clean	29	0	0	1	0	30	96.67%	2014-08-01 ~ 2016-10-19
			74_solaris_copypackage	21	0	0	0	0	21	100.00%	2014-08-30 ~ 2016-10-18
			74_solaris_packaged	29	2	0	1	0	32	90.63%	2014-01-18 ~ 2016-10-18
			74_solaris_update	29	1	0	0	0	30	96.67%	2014-08-28 ~ 2016-10-19

图 2.5.6　信息展示

点击"JobName"可以查看某一具体任务的历史构建详情,执行条目在界面以告警色(如红色)字体显示,表示未成功,如图 2.5.7 所示。

SWF 上不仅可以查看单个项目的 CI 信息,还可以查看所有项目的 CI 信息,"Select Project"可以选择"ALL",如图 2.5.8 所示。

点击"Query"按钮后,将显示出所有项目的构建信息,如图 2.5.9 所示。

NDS-GU_Linux_SmokeTest

No.	Build #	Date	Duration(s)	Result
1	http://10.60.138.3:8080/job/NDS-GU_Linux_SmokeTest/1356	2016-03-01 02:01:36	95.5	SUCCESS
2	http://10.60.138.3:8080/job/NDS-GU_Linux_SmokeTest/1357	2016-03-02 02:01:36	86.0	SUCCESS
3	http://10.60.138.3:8080/job/NDS-GU_Linux_SmokeTest/1358	2016-03-03 02:01:36	84.094	SUCCESS
4	http://10.60.138.3:8080/job/NDS-GU_Linux_SmokeTest/1359	2016-03-04 02:01:36	83.016	SUCCESS
5	http://10.60.138.3:8080/job/NDS-GU_Linux_SmokeTest/1360	2016-03-05 02:01:49	78.141	SUCCESS
6	http://10.60.138.3:8080/job/NDS-GU_Linux_SmokeTest/1361	2016-03-06 02:01:49	90.547	SUCCESS
7	http://10.60.138.3:8080/job/NDS-GU_Linux_SmokeTest/1362	2016-03-07 02:01:49	81.109	SUCCESS
8	http://10.60.138.3:8080/job/NDS-GU_Linux_SmokeTest/1363	2016-03-08 02:01:49	82.938	SUCCESS
9	http://10.60.138.3:8080/job/NDS-GU_Linux_SmokeTest/1364	2016-03-09 02:01:49	93.25	SUCCESS
10	http://10.60.138.3:8080/job/NDS-GU_Linux_SmokeTest/1365	2016-03-10 02:01:49	83.547	SUCCESS
11	http://10.60.138.3:8080/job/NDS-GU_Linux_SmokeTest/1366	2016-03-11 02:00:44	85.844	SUCCESS
12	http://10.60.138.3:8080/job/NDS-GU_Linux_SmokeTest/1367	2016-03-12 02:00:44	95.859	SUCCESS
13	http://10.60.138.3:8080/job/NDS-GU_Linux_SmokeTest/1368	2016-03-13 02:00:44	92.188	SUCCESS
14	http://10.60.138.3:8080/job/NDS-GU_Linux_SmokeTest/1369	2016-03-14 02:00:44	86.578	SUCCESS
15	http://10.60.138.3:8080/job/NDS-GU_Linux_SmokeTest/1370	2016-03-15 02:00:44	87.532	SUCCESS
16	http://10.60.138.3:8080/job/NDS-GU_Linux_SmokeTest/1371	2016-03-16 02:00:44	84.954	UNSTABLE

图 2.5.7　历史构建详情

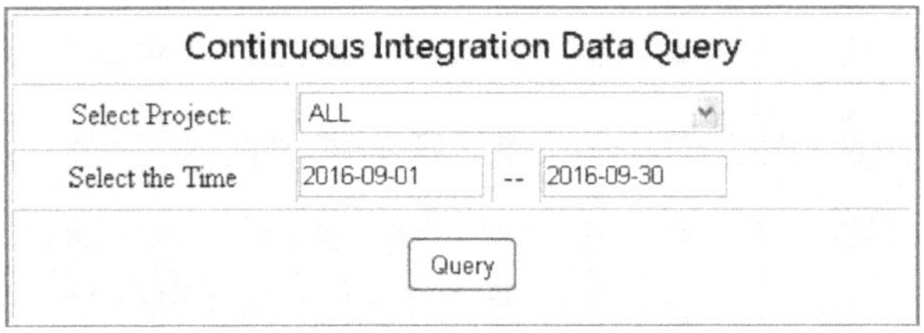

Continuous Integration Data Query

Select Project:　ALL

Select the Time　2016-09-01　--　2016-09-30

Query

图 2.5.8　查看单个项目的 CI 信息

2	CNO-GUL	CNO	UniPOS_CNO-GUL_1_Compile	28	7	0	2	0	37	75.68%	2016-02-21 ~ 2016-10-19
			UniPOS_CNO-GUL_2_UnitTest	28	0	0	0	0	28	100.00%	2016-02-18 ~ 2016-10-19
			UniPOS_CNO-GUL_3_CppCheck	27	0	0	1	0	28	96.43%	2016-02-18 ~ 2016-10-19
			UniPOS_CNO-GUL_4_NCSS	27	0	0	0	0	27	100.00%	2016-02-19 ~ 2016-10-19
			UniPOS_CNO-GUL_5_Package	30	0	0	0	0	30	100.00%	2016-02-26 ~ 2016-10-19
			UniPOS_CNO-GUL_SmokeTest	5	3	25	3	0	36	13.89%	2016-02-26 ~ 2016-10-17
		UniPOS_CNO-GUL_SmokeTest	UniPOS_CNO-GUL_SmokeTest	5	3	25	3	0	36	13.89%	2015-09-15 ~ 2016-10-17
6	NDS-GU	NDS_GU_Linux	CppNcss_Check	20	0	0	0	0	20	100.00%	2014-11-01 ~ 2016-10-19
			Linux_GU_Build	22	0	0	0	0	22	100.00%	2014-08-01 ~ 2016-10-19
			Linux_GU_CopyPackage	21	1	0	0	0	22	95.45%	2014-06-30 ~ 2016-10-19
			Linux_GU_CPPCheck	20	2	0	0	0	22	90.91%	2013-08-31 ~ 2016-10-19
			Linux_GU_Setup	20	0	0	0	0	20	100.00%	2014-08-17 ~ 2016-10-19
			Linux_GU_SmokeTest	0	0	0	0	0	0	0%	2014-12-17 ~ 2015-04-21
			Linux_GU_UnitTest	22	0	0	0	0	22	100.00%	2014-06-30 ~ 2016-10-19
			Linux_GU_Update	23	0	0	0	0	23	100.00%	2014-08-01 ~ 2016-10-19
			NDS-GU_Linux_SmokeTest	13	0	8	0	0	21	61.90%	2014-06-26 ~ 2016-10-20
		NDS_GU_Solaris	74_solaris_build	4	0	0	1	0	5	80.00%	2014-11-15 ~ 2016-10-17
			74_solaris_clean	0	0	0	0	0	0	0%	2014-08-01 ~ 2016-10-19
			74_solaris_copypackage	2	1	0	0	0	3	66.67%	2014-06-30 ~ 2016-10-18
			74_solaris_packaged	3	0	0	1	0	4	75.00%	2014-01-16 ~ 2016-10-19
			74_solaris_update	5	0	0	0	0	5	100.00%	2014-06-26 ~ 2016-10-19
7	NDS-LTE	NDS-LTE	NDS-LTE_V14.4(Install)	0	0	0	0	0	0	0%	2014-12-26 ~ 2015-01-22
			NDS-LTE_V14.4(SmokeTest)	0	0	0	0	0	0	0%	2014-12-30 ~ 2015-01-22
			NDS-LTE_V15.21(Install)	0	0	0	0	0	0	0%	2015-05-11 ~ 2015-06-08
			NDS-LTE_V15.21(SmokeTest)	0	0	0	0	0	0	0%	2015-05-14 ~ 2015-06-08
			NDS-LTE(Build)	48	11	0	1	0	60	80.00%	2015-06-08 ~ 2016-10-20
			NDS-LTE(Package)	46	0	0	3	0	49	93.88%	2015-06-08 ~ 2016-10-20
			NDS-LTE_Install	0	0	0	0	0	0	0%	2015-05-26 ~ 2016-02-01
			NDS-LTE_RetrieveOutputTest	29	18	1	0	0	48	60.42%	2015-09-13 ~ 2016-09-19
			NDS-LTE_SmokeTest	7	84	22	0	0	113	6.19%	2015-06-09 ~ 2016-10-19
			NDS-LTE_V14.4(Build)	0	0	0	0	0	0	0%	2015-02-17 ~ 2015-04-21
			NDS-LTE_V14.4(Package)	0	0	0	0	0	0	0%	2015-02-17 ~ 2015-04-21
			NDS-LTE_V15.21(Build)	0	0	0	0	0	0	0%	2015-05-04 ~ 2015-06-08
			NDS-LTE_V15.21(Package)	0	0	0	0	0	0	0%	2015-05-04 ~ 2015-06-08

图 2.5.9　所有项目的构建信息

2.5.3　需求变更

需求变更,即对项目或者软件开发需求的变更,是指在跟客户签订了项目或软件开发协议之后,在完成交付之前,客户提出的对项目或者软件的功能或非功能性的更改要求。

从软件开发来讲,需求的变更通常意味着需求的增加,需求的减少相对很少,往往会引起重估、返工,不得不修改设计、重写代码、修改测试用例、调整项目计划等,从而会影响整个项目的范围、时间、质量和成本等多个要素。如果控制不好,还会导致项目范围蔓延、进度延迟、质量不过关和成本严重超支等诸多问题,甚至会因过多变更及因此产生的分歧而半途而废。当客户提出新需求的时候,SE 应该分析这些新需求对项目现阶段带来的风险,得出双方实现变更需求所需要的成本,包括时间、人力、资源等方面,再与客户商讨是否有必要进行变更和如何在最小代价下实现变更。

需求变更处理流程如图 2.5.10 所示。

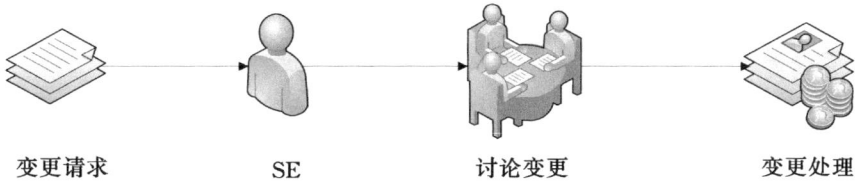

变更请求　　　　SE　　　　讨论变更　　　　变更处理

图 2.5.10　需求变更处理流程

不抵制变更,但是对每一次变更都会做记录,复盘时总结变更对生产效率的影响。每月 PO 向 PDT 汇报变更和完成情况。

所有变更,提交给 SE 评审,组织估算。和总监确认之后,决定何时处理。所有变更都要记录到 SWF 上,根据变更实施时间不同,分别放在产品 Backlog(不影响当前版本和迭代计划)、版本 Backlog(影响版本计划)或迭代 Backlog(影响当前迭代,需要特别谨慎)。

影响版本和迭代计划的变更,需要用[分类]进行标识(见表 2.5.1)。其中,需要立即实施的支持类变更,需要用[supoort][分类]进行标识(见表 2.5.2)。

表 2.5.1　[分类]进行标识

变更	不可等待的技术支持	参考技术支持	[support]+[XXX]
	新的要求		[new]
	上一迭代的缺陷		[bug]
	新发现的技术难题		[tech]

表 2.5.2　技术支持

技术支持	纠错类	老版本的 BugFix	[support][bug]	不可等待,需要立即实施的
	完善类	针对老版本的新需求	[support][new]	
	协助类	指导使用,协助工作	[support][help]	
	纠错类	老版本的 BugFix	[bug]	可以规划进下一个版本的
	完善类	针对老版本的新需求		

结项阶段,SM 对版本范围变化控制情况进行总结,并组织团队成员提出改进措施,落实跟踪。需求变更第一责任人是系统工程师。

需求变更分类:

1. 紧急重要的需求变更

如纠错类、部分完善类、部分协助类这种需求变更,一般都是用户特别重视或特别需要的变更,不可等待,需要优先处理。

注意事项:

变更要求的时间点要保证。

对于新需求,需要通过开发自测、自动化测试、交叉测试、验收等等环节来保障落实跟实际一致;开发流程保障质量。

2. 紧急但不重要的需求变更

如易用性问题,不影响使用,既然不重要,可以跟用户沟通,降低优先级,排到下个迭代,或者找到更好的解决方法,后续版本解决。

3. 重要但不紧急的需求变更

比如版本发布等类的需求变更,只要我们制定好计划,按计划执行就可以。

4. 不重要也不紧急的需求变更

需要我们把时间和精力更多地用在规划、团队建设、战略性的研究和分析,与重要的客户、合作伙伴建立联系,以及沟通协调上面。

2.5.4　需求变更控制

需求的变更必然会影响到项目的开展或者软件的开发,需求变更对项目或者软件开发成败有重要影响,我们既不能一概拒绝客户的变更要求,也不能一味地迁就客户,所以控制需求变更才是最好的应对策略。当然,需求变更控制的目的不是控制变更的发生,而是对变更进行科学的管理,要确保变更有序地进行。需求变更控制措施如下:

需求变更要与投入有联系;

充分做好前期的需求调研、系统培训等工作;

需求分析人员(BA)除了记录客户提出的需求以外,还应和用户讨论,提出一些建议,使用合适的工具帮助客户提出需求;

让客户在需求分析之前就尽量对他们所需要的功能有个整体的了解和确定的思路;

在需求分析时,尽量多地召集需求研讨会,邀请开发人员和客户共同协商探讨;

规范需求文档,需求文档应该按照一定的格式和规范书写,而且应该具备完整性、一致性、基线控制、历史记录等特性;

在设计软件体系结构时,不仅应该想到如何完成满足现在已经提出的用户需求,同时也应适当地考虑到需求的变更。

2.5.5　平台沉淀

经过长时间的相关同类型软件开发,逐渐抽象出很多具有共性的对象,故而组建一支平台团队,以减少可复用、重复开发工作量,以便更快、更好、更准确地响应外部需求变化。

1.将界面开发配置化

通过使用 MVC 以及 Weifengluo 的第三方库,抽象基础的界面配置通过 C♯代码搭建了一套界面配置化处理模型。抽象为平台的一部分,该沉淀直接使业务开发界面工作效率成几倍地增长。

2.将公共流程抽象实现

将数据库 DBI、工参管理等公共部分下沉到平台,平台进行统一的框架搭建,业务以插件或者配置方式完成功能开发,提高了公共部分的复用以及开发效率。

3.将服务端开发从 web 服务代码开发转换为 XML 编写

将服务端处理流程使用统一的 web 接口,并且将服务端业务流程统一抽象成几种类别方便配置和使用,对服务端原本要独立开发 web 业务接口的工作量大幅减少。

2.5.6　交叉走查与交叉测试

1.什么是交叉走查

代码走查是软件开发过程中用于控制质量的一种措施,是一个对已能够编译通过的代码进行阅读,以找出其中影响代码质量问题的过程。它包括自查、组内互查和公开走查等几种形式。其中,组内互查也就是交叉走查,是由组内的其他开发者对代码进行走查的一种形式。

2. 交叉走查的好处

首先走查可以提高软件的质量,以及可维护性。我们都知道,软件开发的主要时间是花费在调试上,而调试中大部分时间都用在代码阅读和理解上面。倘若之前开发该模块的人员已远在天边,面对几千行混乱无序的代码任谁都难以承受。同时,我们也清楚:如果问题发现得越早,补救花费的时间就会越少,所造成的损失就越小。因此,前期花费一定的时间进行代码走查,就可以减少查找错误的时间,提高解决 bug 的效率,提高开发效率的同时降低后期的维护成本。

其次,经过走查的代码是能够迅速被项目组其他成员看懂的,这样有利于项目组其他成员更全面地了解业务,对于成员之间交流也有很好的促进作用。当其中负责某个模块的开发人员离职之后,其他人员能够迅速地接手相关的开发,并能够尽快地培养新人弥补空缺。

最后,代码走查的过程是总结提高的过程,也是交流的过程,可以有效地提高开发人员的技术水平以及业务素养,增强公司的竞争力。通过总结交流,甚至可以从不同项目中提取共性,做出相关产品,从而形成公司自己的核心竞争力,做到行业领先。

除这些上面之外,交叉走查还有下面优势:与自查相比,交叉走查更容易发现代码中代码编写者自己由于思维定势而不能发现的较明显的问题。例如:由于编码习惯使用的不规范变量命名、缺少关键注释、来自业务逻辑错误等问题。与公开讲解走查相比,交叉走查能够用较少的时间和人力,对代码质量的提升有基本的相同的提升。

3. 什么是交叉测试

测试一般是代码走查之后进行的动作,是用来促进鉴定软件的正确性、完整性、安全性和质量的过程,是一种实际输出与预期输出间的审核或者比较过程。而交叉测试,是指在测试的某一阶段,测试人员相互交换测试的模块。

4. 交叉测试的好处

对同一个模块进行多轮测试,测试人员对手中的模块无论从整体到细节都有了非常深刻的掌握,但同时存在的定向思维、测试疲态也影响了 Bug 的发现。

这种测试模式不但影响了产品的最终质量,同时测试人员对产品整个逻辑和功能的了解也受到了限制。

鉴于上述问题,在测试的过程中引入交叉测试是非常有必要的,其有以下好处:

首先,可以使不同的测试人员保持测试的新鲜感,有利于缺陷的发现。这是因为测试工程师测久了自己的项目,容易形成眼盲,会对一些缺陷熟视无睹,极易出现漏测的情况。同时,测试思想不一样,可以互相找出很多问题。

其次,还可以进一步发掘测试的未知领域,发现交叉测试的模块和之前测试的模块间的联系,甚至可以构建更多的测试场景,对提高产品的质量也起到了很大帮助。

最后,交叉测试还利于知识和业务共享,避免人员调动、请假等造成无人测试的情况。

5. 交叉测试实践

项目的整个流程均通过敏捷看板(SWF)进行展示。看板内容如图 2.5.11所示。

Hold	In Dev.	Dev. Complete	Review	For Test	In Testing	Test Complete	…(其他流程)	Done
任务 1 任务 2 任务 3 任务 4								

图 2.5.11　敏捷看板(SWF)

版本启动时,对开发的功能进行分解,并在 Hold 栏根据分解后的需求建立任务。然后,由开发人员进行认领任务,完成且状态变更为 Dev. Complete 后,进入代码走查工作。代码走查采用交叉走查方式,其具体流程如下:

首先,当一个任务处于 Dev. Complete 状态时,由专人把其分配给对该任务相关知识有一定了解的其他开发人员进行走查。

接下来,当走查者接到任务后,按照走查表对该任务相关代码进行走查。如果发现代码有问题,则按照约定的格式反馈代码走查问题信息,并通知编码开发阶段的开发人员进行修复。其中代码走查表列出了代码哪些方面进行走查,一般来说,为代码规范化、可读性、业务逻辑以及复杂度。而反馈的走查信息尽量完整,包括:问题所在文件、所在行号以及问题描述,同时尽量给出修改建议(见图 2.5.12)。

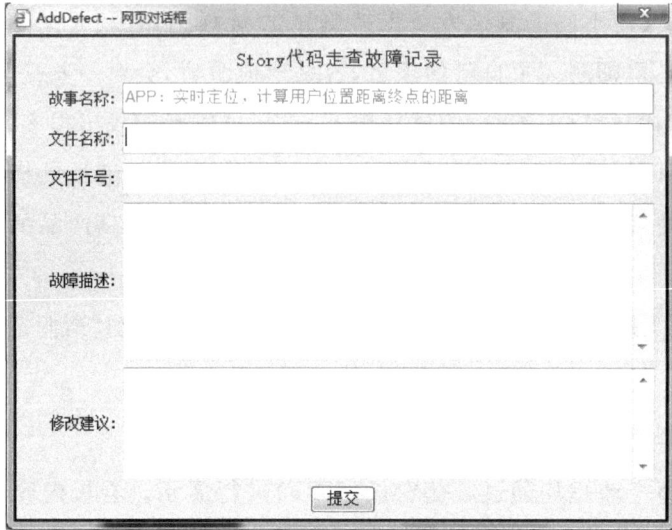

图 2.5.12　代码走查记录

然后,编码开发阶段的开发者根据反馈走查问题以及修改建议综合考虑,进行代码重构。

至此为止,代码走查工作已经完成,我们可以开始下一步的测试工作。

由于人力原因,项目可能会没有专门的测试人员或者测试人员配置不够充分。这时,开发人员也需要介入测试,承担相当部分的测试工作。因此,在进行测试时,不能由该功能编码开发阶段的代码开发人员来测试,一般由代码走查人员按照测试规程进行第一轮测试。这是因为在编码开发阶段,代码开发人员会进行一定自测,保证功能完整性和正确性,如果此时再进行测试,由于惯性思维,测试效果不是很好,所以改为对功能有一定了解的代码走查人员进行测试。如果进行第二轮测试,则交换测试人员,改为其他人员进行测试,新的测试人员从新的角度构建测试场景,提高测试效果。

对比瀑布式开发所代表的预定义过程的工程方法,敏捷开发方法通过测试驱动/价值驱动的手段,更加贴近最终的应用环境,于是也具备了更好的适应性。另外在研发流程方面,敏捷测试执行贯穿整个研发流程,瀑布模式的测试工作主要集中在后期,而瀑布模式前期主要是测试方案设计。敏捷测试能够及早发现问题,降低研发成本。

2.5.7　版本迭代开发管理

迭代开发是将开发工作组织成一系列短小的、固定周期(比如一个月)、能够灵活快速交付的项目开发。每一次迭代都包括需求分析、设计、实现、测试和发布。笔者所在的团队,是按照一个月一个迭代版本进行迭代开发的。通常一个版本迭代开发过程会被划分为 4 个 Sprint 进行。

Sprint0:需求获取、分析和方案、原型设计阶段

Sprint0 通常与上个迭代版本的最后一个 Sprint 同步进行,一般控制在5~7 个工作日。该阶段主要工作是获取和分析需求,对需求进行细化,根据细化的需求进行方案、原型或 UX 等设计。该阶段参与的人员通常有团队 PM、BA、SM 和 UX 设计人员。

Sprint0 需求原型设计示例如图 2.5.13 所示。

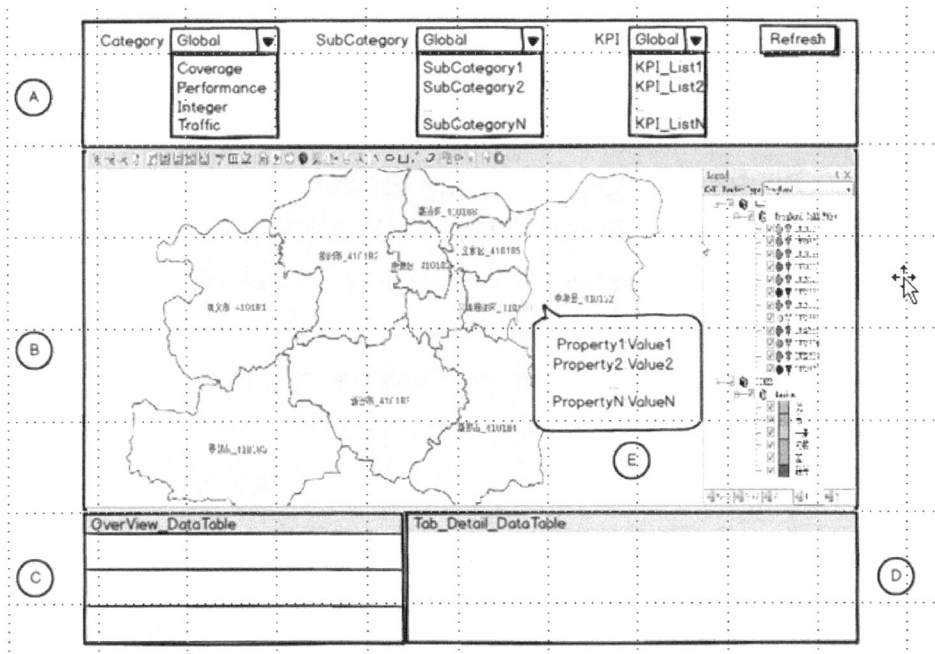

图 2.5.13　Sprint0 需求原型设计示例

Sprint0 阶段需求是否分析得清楚,方案和 UX 设计是否合理可行,直接关系到迭代版本是否能否按时交付。因此,这个阶段的工作尽量要在版本正式启动开发前,即 Sprint1 之前完成,否则会对后面的版本开发进度和版本按期交付带来风险。

看到这里,可能有人会提出质疑,从需求获取、分析到完成原型、系统和 UX 设计才 3~5 个工作日,怎么可能完成? 这在以前瀑布式研发过程中至少要占用整个研发周期的 1/3 时间的。这就是笔者要强调的,迭代开发周期时间比较短,通常只有 1~4 周的时间,因此在一个迭代版本中,我们通常只建议做 2~3 个大的需求和适量的小需求,这样的话我们需求分析、设计的重点就投入到这 2~3 个大需求上面,加上该阶段需要介入角色间的配合,这些工作基本上都是可以完成的。

在 Sprint0 完成后,Sprint1 正式开始前,需要召开版本启动会议,启动会议主要介绍本次迭代版本需要交付的功能特性,并结合 Sprint0 输出的方案、原型和 UX 设计对需求、疑问和技术难点进行澄清,使得团队成员能够理解需求和实现。在版本启动会上,同时需要对本次迭代交付的时间点和团队人力等情况进行介绍。

Sprint1~Sprint2:实现阶段

每个 Sprint 控制在 8 个工作日左右,最长不要超过 10 个工作日。该阶段主要是开发人员根据 Sprint0 的设计方案和原型进行功能实现和自测,同时前端测试人员会对已经开发完成的功能进行测试验证。该阶段参与的人员通常有团队 SM、开发人员、前端测试人员和 BA。

需要强调的是,这个阶段中开发时,尽量保证优先开发优先级高和其他功能后面需要依赖的功能,即先实现优先级高的故事。

该阶段一件特别值得鼓励的事情就是鼓励开发人员尽早进行实现演示。这里的实现演示,并不是说要达到版本交付时的功能演示,而是像类似于界面设计布局完成一类的静态的演示,或者是数据刚刚可以导入或者导出等诸如此类软件刚刚可以开始运行时的演示。这种演示如果可以的话,请尽量邀请客户、PO、PM 一起参加。这种演示越早越好,一方面可以判断开发人员的理解和设计是否符合需求,另一方面也可以尽早地将用户的一些新的需求或建议加进来。也可以避免功能开发完成后,发现开发的功能和需求不符,重新返工,避免对版本按期交付造成风险。

这个阶段除了开发人员外,还有两个重要的角色来对实现的质量和是否满足用户需求进行把关。一个是前端测试人员,前端测试人员在这个阶段的工作职责,并不是替代开发人员去完成开发的自测,而是对本次迭代的重点功能进行测试策略的设计、自动化测试设计开发,并对开发完成的一个可交付的功能特性提前介入进行测试。另一个重要的角色就是 BA,BA 在这个阶段代表用户对完成的特性进行验收,验收交付的功能是否满足和符合用户的需求。

Sprint3:系统测试阶段

系统测试时间一般在 5 个工作日以内,通常分为两轮测试。

第一轮测试主要测试本次迭代新增和优化的功能特性,并对软件基础和通用功能特性进行测试。这一轮测试一般控制在 3 个工作日,项目组开发人员和测试人员一起参与测试。开发人员参考测试策略交叉进行测试。在第一轮测试进行的同时,对测试过程中发现的故障进行修复,一般在测试完成后的一个工作日内对决策需要修复的故障完成修复。

在项目组对决策修复的故障修复完毕后,重新构建版本进行第二轮测试。这一轮测试不再像第一轮测试那样进行较为全面的测试,而是对第一轮测试发现的故障进行回归测试和对回归不通过或新发现的故障进行修复。第二轮测试通常控制在 1 个工作日内完成。

实际项目研发过程中会发现,实现阶段可能存在开发延期等原因,造成对系统测试时间的压缩。但是,无论如何系统测试阶段建议不要因为版本交付压力而随便取消,系统测试时间至少不要少于 3 个工作日,否则可能版本发布了,后面就是不停地四处救火了。

1.版本演示会

在迭代开发完成后邀请客户、PO 和相关干系人一起参加,对迭代开发的新特性或者优化的特性进行功能演示,收集干系人的意见和建议。对一些可以立即修改的问题,尽快纳入版本中修改;一些改动较大或不需要立即修改的意见和建议,纳入到后续的迭代中进行。版本演示建议在 Sprint2 完成之后立即进行,最晚也要在 Sprint3 的第一轮测试时进行,这样可以对一些需要立即修改的问题预留一定的时间,并可以在 Sprint3 系统测试中对修改的问题进行测试。

软件版本演示会议纪要示例如图 2.5.14 所示。

图 2.5.14　版本演示会议纪要示例

2. 复盘会议

通常在一个迭代开发完成后由 PM 或 SM 牵头,组织项目组成员对上个迭代过程一起进行回顾,找出上个迭代过程中的亮点,在后续工作中继续保持和发扬;找出迭代过程中需要改进或优化的点,并讨论制定出改进或优化策略,确定责任人和解决期限,在后续的版本和工作中进行改进。复盘会议鼓励以茶话会等轻松的方式进行,这样既可以缓解大家的工作压力和氛围,也可以让大家在放松的状态下自由畅谈出真实想法和感受。

复盘会议一般在一个版本迭代开发周期结束之后、下个版本迭代开发启动之前的这个时间段举行。有时也可以和下个迭代版本启动会议一起进行,这种情况下一般是先进行复盘,再进行版本启动会议。复盘会议时间应控制在 1～2h 为宜。

第6章

敏捷测试

2.6.1　敏捷测试简介

提到敏捷软件测试,感觉有些老调重弹,其实还是有很多人不是很清楚的。敏捷测试既不是一种方法(如黑盒方法、白盒方法等),也不是一种方式(如探索式测试)。因为在敏捷测试中可以采用已有的各种方法,包括白盒方法、黑盒方法;在敏捷中也可以采用探索式测试(exploratory test),也可以采用基于脚本的测试(scripted test)。那敏捷测试是什么? 敏捷测试应该是一套解决方案、一类测试操作与管理的框架、一组实践或由一定顺序的测试活动构成的特定的测试流程。就像 Scrum 一样,Scrum 可以理解为敏捷方法的具体实现的框架、一组实践或具体的解决方案。简单地说,敏捷测试就是顺应敏捷开发方法、力求达到质量和效率平衡的一系列测试实践。

2.6.2　测试前移

区别于传统的瀑布模型,敏捷测试中,整个软件过程,测试人员从头到尾参与,基本开发完成,测试也就完成,实现快速交付并降低成本。

下面画图说明测试前移情况,如图 2.6.1 所示为一年期的一个软件版本开发交付示意图。

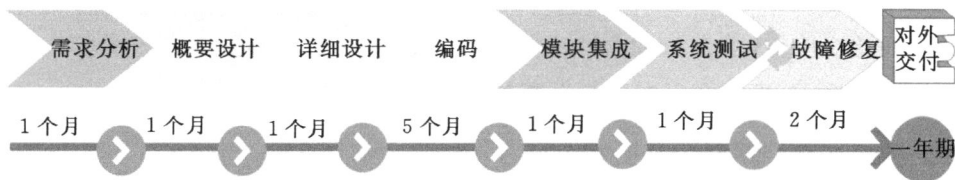

| 需求分析 | 概要设计 | 详细设计 | 编码 | 模块集成 | 系统测试 | 故障修复 | 对外交付 |
| 1个月 | 1个月 | 1个月 | 5个月 | 1个月 | 1个月 | 2个月 | 一年期 |

图 2.6.1　研发流程

　　在整个过程中,除去各类文档评审,测试人员正式接触软件,已经是 9 个月后,可以预想,故障非常多,然后一轮一轮系统测试,如果全是编码产生故障,修改虽然麻烦些,但是可以解决。然而,事实未必如此,往往有设计故障,还有需求理解偏差,最终会导致版本难以交付或者延期交付。

　　同一个项目,敏捷模型下,产品经理跟用户沟通后确定优先级最高的需求,一个月内完成,其他需求分到后面 8 个月完成,每月交付一个版本。下面举例其中一个版本敏捷开发过程,在图 2.6.2 中,所有过程测试人员全程参与,保证不会出现开发与测试理解不一致导致的问题。

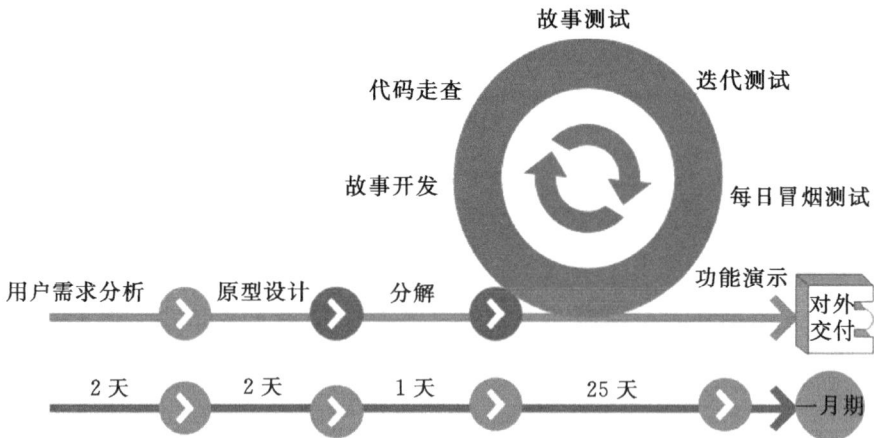

图 2.6.2　软件测试

2.6.2.1　用户需求分析阶段

　　用户需求分析阶段,测试人员一同参与,遇到问题可以直接跟 BA 沟通,提出自己的想法。在该阶段,测试人员主要考虑下面几个问题:用户提这个需求想解决什么问题?是否有老功能改进可以满足该需求?BA 分的这几个故事是否可以覆盖到所有需求信息?这几个故事是否可测?是否可自动化?这几个问题解决了,后面基本不会出现测试人员跟 BA 需求理解阶段不一致问题。总之在这个阶段,就是测试人员站在用户角度,利用自己对版本最熟悉的优势,在测试维度上,提出自己对需求分析的一些建议。

2.6.2.2　原型设计阶段

　　原型设计阶段,主要把分解的需求落地,设计好界面及主要流程、算法等

等。在这个阶段,测试人员主要关注三个方面:

界面,整个功能添加的在哪一个菜单下? 命名是否合适? 界面是否跟其他功能风格一致? 界面上呈现的专业词语是否和以前老功能一致? 有没有冲突? 界面易用性如何? 是否美观? 等等。

场景,设计是否满足了用户需求中提的或者隐含的所有场景? 所有可能的流程是否都设计到? 这块说起来简单,其实是最复杂的,是体现测试人员专业水平的,不同测试人员可能发现不同问题,但是水平越高的测试人员,越会发现更深入的问题。

用例设计,这块包括手工测试用例设计及自动化用例设计。在这个阶段,测试人员需要识别或者制定出,哪些功能自动化、哪些手工测试,同时完成测试用例初步设计。对于 TDD 开发的,需要准备好输入及输出数据,或者写出伪代码。根据用户故事设计的测试用例,是对用户故事验收标准的细分,也可以把多个用户故事进行串联形成一个用例,这取决于用户故事和测试用例设计的粒度大小。由于用户故事会随着需求的细化和拆分,很难对用户故事和测试用例做一一对应,且后期维护成本较高,因此需要在用户故事和测试用例中增加模块属性,来管理测试用例和用户故事之间的关联关系,而且两者应该在一个统一平台进行维护和更新。

2.6.2.3　代码走查阶段

代码走查可能有些团队不太关注,其实这个才是检出故障率最高的一个环节。调查显示,代码走查检出故障率高达整个软件生命周期的 40%,而且这个阶段查出故障成本是后面测试阶段成本的 1/20。代码走查包括个人桌面代码检查、交叉走查及正式的代码审查。本实践中主要采用前两者,正式代码审查不会遍历所有代码,只会抽出部分问题比较多的代码进行审查。

代码走查的最主要的目的是为了发现程序中的逻辑错误,编程风格方面的错误可以通过各种静态代码工具去检查。静态工具有很多现成、免费工具使用,这里不再赘述,只举例代码中的逻辑问题,这种问题要在后面测试中发现,需要很多种输入,甚至几乎无法被黑盒测试出来。

举例说明代码走查的重大作用,"cast(round(SUM(CASE T051. C012 when 1 then 0 else 1 END) * 100.00/SUM(1),2)as numeric(10,2))as Ratio"

短短的这个 SQL,接入成功次数和接入请求次数统计有误,看起来语法没有问题,静态工具也无法检查出来,其实因为业务逻辑错误,统计出的结果是错误的,黑盒测试要发现这个统计错误,也是非常困难的。

2.6.2.4　故事及迭代测试阶段

在传统开发模式中,需求分析往往占用较长时间,分析阶段由核心的开发人员和测试人员参与。在进入研发阶段后,将需求传递给其他开发和测试人员,测试人员根据需要在设计完测试用例和开发完成以后,进行各种类型的测试。这样的结果往往由于测试人员没有参与最初的需求讨论,因此对需求的理解存在一定偏差,很多用例的编写基于测试人员的假设。因为开发周期较长,最终交付的功能已经发生改变。

在敏捷开发模式中,测试人员和开发人员的节奏是同步的,即开发人员增量地开发功能的同时,甚至之前,测试人员也增量地设计相应的测试用例,等功能完成后马上可以对功能测试。对于还未开始开发或者需求暂不明确的功能,不进行测试用例的深度分析工作。这样就能把更多的精力投入到最重要功能上去。

在敏捷测试中,故事测试是测试人员投入最多的工作。在这个阶段,开发人员对自己认领的故事完成开发,代码走查已经完成,故事走到"待测试"状态,测试人员提取用户故事进行测试,具体流程如图 2.6.3 所示。这里的测试包括自动化测试、手工测试,可以根据测试用例去执行,也可以进行探索性测试,总之就是全面覆盖需求,验证该故事实现情况。

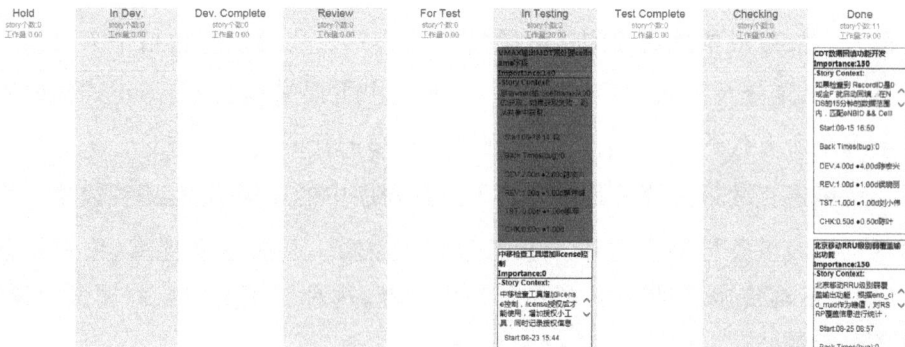

图 2.6.3　故事测试

每一个迭代开发结束,会对这个迭代中所有开发问题进行一次全面测试,主要是避免在开发、修改过程中引入别的问题,对其它关联功能模块产生影响。

2.6.2.5　测试前移效果

测试前移带来一个最直接的改变就是交付周期缩短。之前开发一个版本,系统测试得好几轮故障才可以收敛,版本才可以发布出去。采用敏捷之后,测试前移,在每个功能开发完成之后,尽快测试完成,不用版本开发完成后留大量时间测试,这种"润物细无声"的测试,缩短了版本交付周期。

测试前移带来第二个好处就是修改故障成本降低。这个大家也容易理解,因为故障被及时发现,及时修改了,所以成本降低了。这个也很明显,比如需求类、设计类的故障到交付前才发现,要修改接口、修改架构,甚至无法修改,只能规避等等。这就像建高楼,打地基时候发现地基规划深度不够,那修改规划,挖深一些就行。如果在地基刚完成之后发现问题,成本稍微高些,也是可以修改的;如果到大楼要封顶时候才发现问题,那几乎没有办法了。

第三个好处,测试更加深入。由于大家是一个敏捷团队,每天一起进行每日站会,一起讨论问题、讨论方案,所以对每一个设计细节、开发细节更了解。了解得更多,疑点就更多,写的用例就更加深入,发现更深的问题。另外,大家同一个团队,对每个开发人员的开发习惯比较了解,根据测试"二八原则",对容易产生故障人员写的代码可以投入更多精力测试,重点投入,发现更多故障。

2.6.2.6　遇到问题及解决方案

任何一项改革都会遇到一些波折或者弯路,我们测试前移也不例外,中间遇到几个典型问题,跟大家一起分享。

敏捷轻文档,那么任何文档都没了。这是刚开始进入敏捷时候,最容易犯的错误。需求文档没了,设计文档没了,算法没了,所有事情都靠口口相传。后面测试出现问题了,没有上游文档,在解决问题、澄清问题、沟通上花费很多时间与精力;新员工来了,想熟悉软件、熟悉设计,对不起,没有文档,请自己啃代码去。经过这个不成熟事情后,必要的文档、需求实例化都做起来,那么问题就解决了。

第二个问题,测试人员"被人肉"。测试前移,那么开发人员不关注自己开发质量,功能开发完成,不管是否可以使用,直接给测试人员测试。于是就出现了一个功能到测试人员那里发现根本不可用,打回给开发人员,修改后还是有问题。如此反复两三次,功能才基本可用,版本质量很差,测试人员苦不堪言。解决方案从两个方面走:一方面测试人员编写自动化用例,先自动化运行一遍,基本功能可用,才可以流程走到测试人员测试;另一方面,数据量化,在敏捷看板公示量化出开发人员产生故障个数,如果某开发人员开发功能故障被连续打回两次以上,自己也会不好意思。

测试人员被"同化"。由于测试人员长期跟开发人员一起工作,工作思路会跟开发人员越来越相近,缺少了测试人员该有的敏锐洞察力,有些故障发现不了,或者即使发现了,觉得不严重,改不改都行。还有一方面原因是,一路跟着软件成长,软件也跟自己孩子一样,舍不得"下狠手"测试。解决方案,政策上鼓励开发、测试建设性的对抗,另外对泄露故障进行量化。

2.6.3 自动化测试

自动化测试在敏捷实践中起着重大作用,可以说,如果没有自动化测试,敏捷将无法称之为"敏捷"。

2.6.3.1 自动化测试意义

敏捷测试要求测试能够在短的时间间隔内持续发生且能够在短时间内完成。考虑到纯粹地依赖人工测试基本不可能完成这两个目标,而自动化测试在执行效率方面具有天然的优势,在敏捷测试中使用自动化测试技术应该是自然而然的选择。

自动化测试在敏捷实践中起着举足轻重的作用,测试是为了保证软件的质量,敏捷测试关键是保证可以持续、及时地对软件质量情况进行全面的反馈。由于在敏捷开发过程中每个迭代都会增加功能、修复缺陷或重构代码,所以在完成当前迭代新增特性测试工作的同时,还要通过回归测试来保证历史功能不受影响。因此,有以下两大特征。

一是测试范围足够广。测试用例要覆盖所有功能,不同操作环境下兼容性测试、系统稳定性测试、系统性能测试及监控。

二是测试频率足够高。每日构建产生的版本要保证可用,每个迭代都需要对历史功能做回归测试,发布前或上线后如果打了补丁,就需要回归测试。

2.6.3.2　自动化测试实践

本实践中自动化测试主要用在以下三个环节：个人代码测试、每日版本冒烟测试、紧急发布版本测试。

每日冒烟测试，对于每日下班前开发工程师提交的代码，自动编包，自动冒烟测试，上班时开发工程师能够从持续的测试中得到关于提交代码反馈。紧急版本发布时候，对于要紧急发布的版本，运行冒烟测试，保证主要功能可以使用。

目前业界的商业、开源自动化测试工具有很多，比如，功能测试工具有QTP、Selenium 等，性能测试有 LoadRunner、JMeter 等。其工作原理无非都是通过测试脚本和测试数据配合来完成测试过程，并比较测试结果，进而形成测试报告。

本项目也曾经用过其中几个工具，都是一开始进度喜人，但是随着测试用例数的增长，维护成本越来越高。当用例数达到上千条后，维护工作量达到 1 人天，不断封装库、重构代码，经过一两个月"重构"，维护工作量降低到 0.6 人天。这样的结果我们也无法接受，经常无法按时正常"冒烟"出结果，每天修订代码对测试人员也太折磨。

估计像我们这样处于快速增长期的项目也存在同样的困扰，自动化维护代码工作量比自动化最初开发工作量还大，效率不高，大家做得非常烦躁，那么出路在哪里呢？我们团队快刀斩乱麻，开发了一套适应自己项目的自动化工具。几万行代码，当时开发还是挺辛苦的，但后来应用情况显示，这种辛苦非常值得。这种量身定做的自动化工具，虽然开发成本高，但是等出来以后不用再做那些烦心的维护了。

比如我们自研的自动化工具 NAAS，在我们产品相关项目中都可以使用，任何要使用的人员只要给出需要自动化运行的功能 xml，立即生成数条自动化用例，不需要写代码、修改代码、录屏等等操作。图 2.6.4 是我们自研自动化测试工具部分自动化结果截图，可能有人要问，怎么量身定做一套自动化工具呢，这个就需要分析待测软件特点，比如哪些主要接口不太调整，而又能实现大部分功能，可以从这种接口下手。

No.	Suits	Case	Status
1	Call Drop Analysis	CallDropMulti_20160909_154049_Analysis	PASSED
2	Call Drop Analysis	CallDropMulti_20160909_154049_View	PASSED
3	Periodical MR Data Export	PeriodicalMRDataExportResultMulti_20160923_101506_Analysis	FAILED
4	Periodical MR Data Export	PeriodicalMRDataExportResultMulti_20160923_101506_View	FAILED
5	MR Section GIS	MRSectionGISTable_20160909_160315_Analysis	PASSED
6	MR Section GIS	MRSectionGISTable_20160909_160315_View	PASSED
7	Basic Coverage Analysis	MRCoverageAnalysisMulti_base_20160912_153927_Analysis	PASSED
8	Basic Coverage Analysis	MRCoverageAnalysisMulti_base_20160912_153927_View	PASSED
9	Basic Coverage Analysis	MRCoverageAnalysisMulti_base_20160912_153944_Analysis	PASSED
10	Basic Coverage Analysis	MRCoverageAnalysisMulti_base_20160912_153944_View	PASSED
11	Basic Coverage Analysis	MRCoverageAnalysisMulti_base_20160912_154002_Analysis	PASSED
12	Basic Coverage Analysis	MRCoverageAnalysisMulti_base_20160912_154002_View	PASSED
13	Basic Coverage Analysis	MRCoverageAnalysisMulti_base_20160912_154013_Analysis	PASSED
14	Basic Coverage Analysis	MRCoverageAnalysisMulti_base_20160912_154013_View	PASSED
15	Basic Coverage Analysis	MRCoverageAnalysisMulti_base_20160912_154032_Analysis	PASSED
16	Basic Coverage Analysis	MRCoverageAnalysisMulti_base_20160912_154032_View	PASSED

图 2.6.4　自动化测试详细结果示意图

想要自动化起到期望的效果,一定要细心研究待测软件,抓住软件的特点,比如哪些是软件最基本功能,哪些是软件最紧迫需要自动化的需求,哪些地方着手自动化会事半功倍,哪些地方做起自动化会事倍功半,等等。

以我们其中一个软件为例,先根据软件特点,看看哪些功能是必须要自动化的功能。软件的特点是大数据解析,首先要能解出数据,其次数据要正确。根据这两个特点,结合软件特点是数据在内存中处理,并没有使用数据库,制定出两个方案。

第一种方案根据不同数据源,检查数据有没有被解码出来,解码出来的是不是我们要的格式。这个需求比较简单,我们就用 shell 脚本实现,简单易行,只要判读不同的场景即可处理。

第二种方案是根据数据正确性,该方案就相对复杂很多,所以分了两种情况:第一种是对于"知根知底"的数据处理。什么叫"知根知底"呢?就是数据源是我们造出来的,当然知道经过软件处理后结果该是什么数据,"知根知底"后,就等着待测软件"夹"进来了。由于涉及到二进制码流解析,不同数据格式等等,我们开发这个自动化工具费了不少时间,命名为 ATDD(关于这个名字的由来,是因为它可以用做测试驱动开发,在开发人员开发代码的时候,测试人员造数据,等开发出版本后,放到该工具中运行下就知道开发实现有没有问题)。只是对这种"遵守规则"的数据测试是不全面的,大家都知道,既然是大数据,现实中会出现各种各样"不守规则"的数据,那么怎么对这种数据测试呢?第二种自动化工具应运而生,我们开发出来另外一款自动化工具,专门判断每个字段范围。比如对于 RSRP 系列,我们设置标准值为－140～－44,对所有解析出来的数据进行判断,超出范围就报错。具体情况如图 2.6.5 所示。该自动化工具可以遍历所有表的所有数据,在手工测试是完全无法想象的工作。

图 2.6.5 是上文提到的部分标准数据,框起来内容就是对于 RSRP 参数,正确范围应该在－140～－44 之间,其他内容大家不用关注。

```
Key,UNSIGNED BIGINT ,17,,17,0,RATED
eNodeBID,UNSIGNED INT,,,0~1048576,0,SCOPE
CID,UNSIGNED INT,,,0~255,0,SCOPE
TraceID,VARCHAR,16,,16,0,RATED
PCI,SMALLINT,,,0~503,0,SCOPE
IMSI,VARCHAR,15,,15,1,RATED
IMEI,VARCHAR,15,,15,1,RATED
TMSI,UNSIGNED BIGINT,,,0~4294967295,1,SCOPE
MeasTime,UNSIGNED INT,,,441504000~1609430399,0,SCOPE
RSRP,SMALLINT,,,-140~-44,1,SCOPE
RSRQ,DOUBLE,2 2,,-19.5~3,1,SCOPE
Day,UNSIGNED INT,,,5110~7300,0,SCOPE
Hour,UNSIGNED INT,,,122640~175200,0,SCOPE
MR Lon,NUMERIC,3 8,,-180~180,1,SCOPE
MR Lat,NUMERIC,2 8,,-90~90,1,SCOPE
DataType,TINYINT,,,1 2 3 4 5,0,ENUM
PHR,SMALLINT,,,-23~40,1,SCOPE
RIP,DOUBLE,,,-130~-60,0,SCOPE
ULMCS,TINYINT,,,0~28,1,SCOPE
DLMCS,TINYINT,,,0~28,1,SCOPE
```

图 2.6.5　测试结果分析

图 2.6.6 是关于该功能的 log 详细测试结果,里面展示的内容有数据表名、字段名、状态、数据行数、标准范围、实际值等等(解释顺序为下图框中内容顺序)。

图 2.6.7 是跑完自动化的部分结果,对于这么大的 log 信息,如果手工对比测试,相信给一个人一年时间都无法遍历完。

图 2.6.8 是上文提到的 ATDD 自动化工具界面,该工具是为了完成测试驱动开发,验证基本数据正确性。

图 2.6.6　测试结果分析

图 2.6.7　测试结果分析

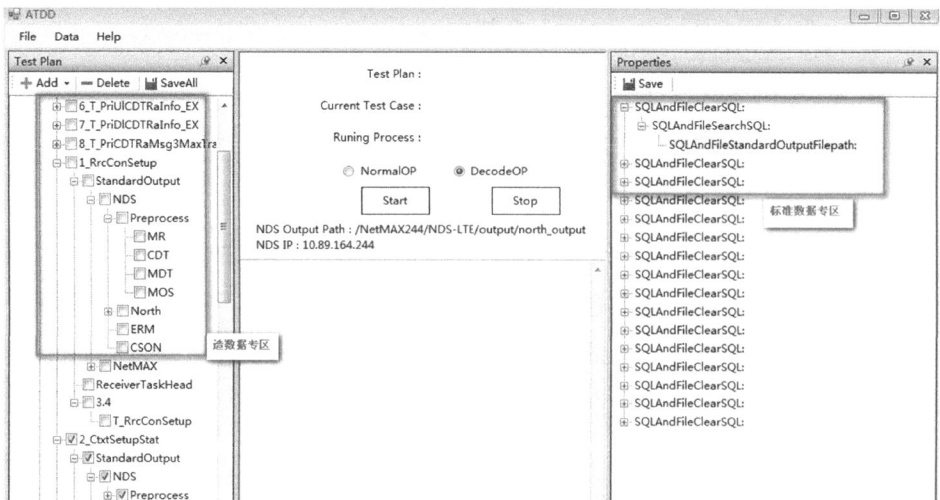

图 2.6.8　测试功能展示

综上,软件自动化一定要抓住软件特点,有的放矢,才会事半功倍,起到希望的效果,满足敏捷开发需要。

2.6.3.3　自动化测试遇到问题及解决方案

大家都希望自动化测试覆盖率越高越好,测试用例越能代表用户使用方式越好,基于此思想,我们走过一个弯路就是直接从界面自动化。一开始进度很快,用例很快接近上千条,但是经常出现用例跑不通,控件抓不住等问题,于是我们重构代码,比如清理、精简控件库、封装接口等等。即便是如此,用例维护工作量非常大,而且经常出现的失败用例不是因为软件问题,而是因为自动化抓不到控件等问题误报,再怎么优化也无法解决。尤其随着用例数增加,这种问题出现更多。看来此路走不下去了,于是我们开始做接口自动化。

实践证明,接口自动化虽然开发难度很高,但是完成后效果很好。尽管如此,只是接口测试肯定不行,用户是从界面点击的,所以界面自动化也是得做的。要把握好界面自动化的"度",多了维护工作量太大,少了覆盖不够,最终我们采用金字塔模型来解决这个问题。

如图 2.6.9 所示,敏捷测试投入及故障检出情况,满足这一情况,是健康的敏捷测试。

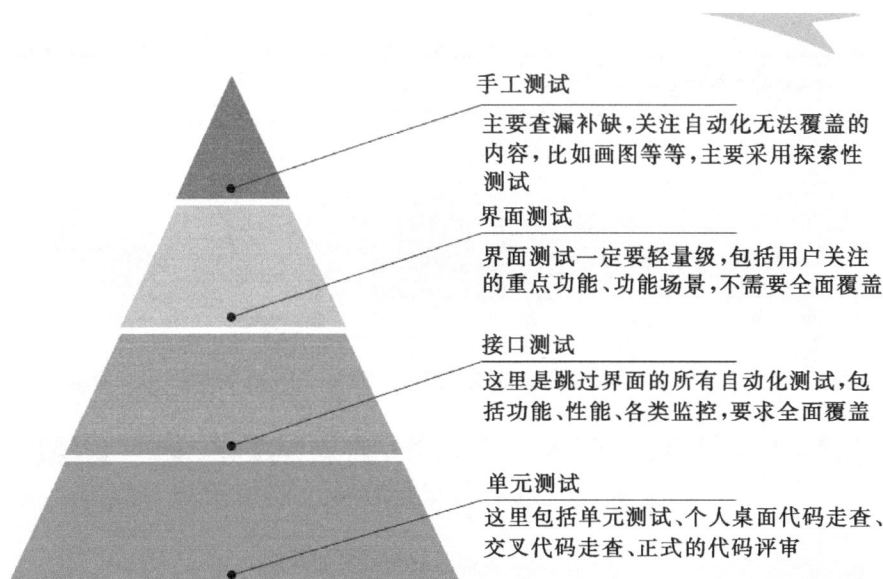

图 2.6.9　测试分层

第 7 章

验收测试

2.7.1　概述

传统软件工程中,测试分为单元测试、集成测试、系统测试和验收测试,由不同的团队完成。产品级敏捷实现中的测试分成了敏捷团队中的前端测试、后端的内部验收测试以及外场的实验验证测试。内部验收测试由独立的专有团队执行,位于版本 RC 发布阶段,是产品研发团队向外交付版本的最后一道质量保证屏障,目的是确保软件功能正常使用,性能满足质量要求,能够让最终用户能够满意。其他几个测试阶段由敏捷团队内部和自动化测试完成。

内部验收测试所处阶段如图 2.7.1 所示。

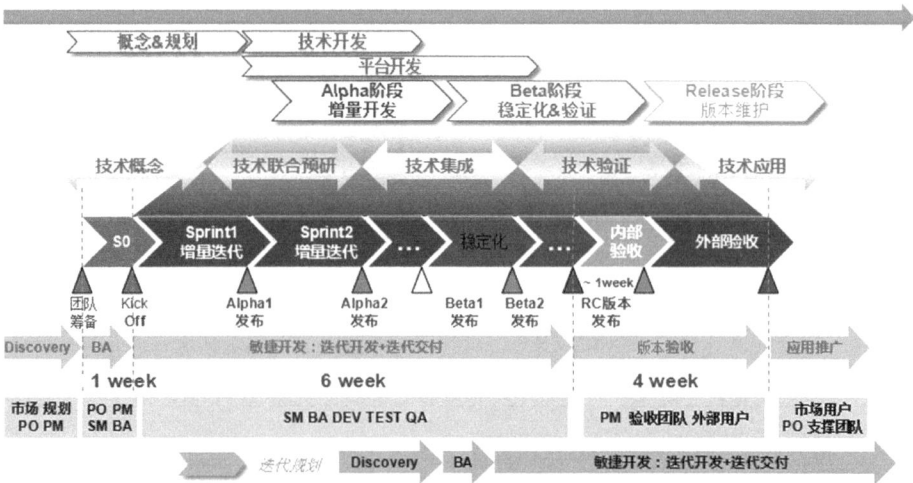

图 2.7.1　内部验收测试所处阶段

2.7.2　内部验收测试

2.7.2.1　内部验收测试的意义

内部验收测试由独立的专有团队执行,称为后端测试。后端测试位于版本 RC 发布阶段,是部署软件前实验室阶段的最后一个测试环节。目的是在模拟用户环境的测试环境下,根据对内测试规程,对软件进行测试,验证已经实现的软件产品或产品组件是否实现了需求中所描述的所有需求项,以确保软件功能完成,可以让最终用户使用执行。

2.7.2.2　内部验收测试实践

本实践中测试工作主要包括验收测试设计、验收测试执行和验收测试报告发布。

验收测试设计:验收测试用例由验收测试人员编写,独立维护在测试规程管理库中。测试内容是产品需求描述中的所有需求项,包括功能测试、性能测试、压力测试、安装升级测试、可靠性测试、信息安全测试。在实际中,验收测试人员会参与需求分析,关注需求实例化使用场景描述,从用户角度关注需求的实现和验证方法。验收测试规程评审人员包括用户代表、规划人员、研发人员。

验收测试执行:验收测试在实验室进行,根据既有资源最大程度模拟现场环境,由专业测试人员按照测试方案执行。测试周期一般在一周,是包括上下游系统的全流程测试。测试故障入故障跟踪系统,不能解决的问题需要 CCB 会议裁决。

验收测试报告发布:验收测试结束发布验收测试报告。验收测试报告包括测试版本和内容、测试环境和数据、测试用例覆盖情况、测试结果与分析、测试结论、测试问题的工程防范和规避建议。验收测试报告是版本质量目标是否达成的重要报告,只有验收测试通过的版本,才能进行外部验收测试和对外发布。

2.7.3　外部验收测试

2.7.3.1　外部验收测试的意义

外部验收测试是由有用户代表参与的组建团队执行的,也称为外场验证。外场验证位于版本验收阶段,是在真实的用户环境下,根据对外测试规程,对软件进行测试。验证软件产品或产品组件不仅实现了需求中所描述的所有需求项,而且它也是满足用户的最终需要的。

2.7.3.2　外部验收测试实践

外部验收测试包括外场验证计划、外场验证准备、外场版本验证和外场验证报告。

外场验证计划:研发经理向售后经理发布版本计划,项目启动计划书,售后代表制定准备策略和外场验证计划。

外场验证准备:准备阶段完成所有外场验证使用文档,包括不限于《验证检查单》、《准备检查单》、《对外测试规程》、《产品安装使用手册》。对场外测试规程设计每个功能在各种使用场景下的验证方法与通过标准,确保结果准确,运行效率用户能够接受,操作易用性使用户满意。

外场版本验证:售后经理获取版本后,根据实际情况安排实验局或在实验局安排相关人员进行产品验证、规模商用能力验证、按测试条目进行验证。

外场验证报告:根据测试条目输出是否通过的结论,输出外场验证报告。外场验证通过,产品对外发布;如果验证不通过,研发修改后重新走验证和决策环节。遇到重要问题,进行质量回溯。

第8章

质量保障

2.8.1 概述

质量是指交付的产物是否能够满足客户的要求。软件产品的质量包括功能性、效率、兼容性、可用性、可靠性、安全性、维护性、可移植性等。

质量保障是通过系列化的活动,提供足够的证据说明软件产品是适合使用的。当有足够可靠的质量保障活动时,产品的质量是可以得到相应保证的。在ISO9001:质量管理体系中,有一系列复杂的质量控制活动。例如:在瀑布开发模式下,质量保证通过各种评审、集成和系统测试,通过强大的测试团队来完成,这些活动能够比较有效地保证软件质量,但是组织效率却有限。

敏捷软件开发是一种更好、更富有生产力的软件开发模式,它没有庞大的测试团队,更没有充裕的测试时间,质量保障是通过减少价值链上游缺陷向下一个环节的转移,从而减少缺陷带来的成本,更有效地提供质量保障。

为了达到这样的目标,研发的每个工作环节都需要设有最低质量标准,并且通过可视化的方式,及时地把质量情况反馈出来。一旦出现违反质量标准的事件,应该警告相关人员注意,及时分析并修正。

网规网优产品团队的产品级敏捷实践正是遵从这一原则,提出了"一杆进洞"规范,并配套相关度量指标。伴随敏捷成熟度提升,"一杆进洞"质量目标控制管理规范逐步完善,与敏捷度量指标相辅相成,进行敏捷研发管理,保证软件产品的质量。

在敏捷研发模式下,产品周期包括概念和规划的 S0 阶段,增量开发的 Alpha 阶段,稳定化和验证的 Beta 阶段和版本维护阶段。产品级敏捷研发流程中裁减掉集成测试和系统测试,无法再像传统模式一样,通过漫长的系统测试保证质量,只能通过缩短反馈周期,快速清理技术债,保证产品质量。产品级敏捷研发的质量保证度量在整个产品周期无处不在。

2.8.2　质量控制规范

"一杆进洞"简而言之就是软件版本一次提交,即通过验收测试,发布外部使用。最初制定这个质量目标时,大家觉得是多么地不可思议,如此庞大的通信软件,在瀑布研发模式下,光是集成测试就要 2～4 周,还有几轮系统测试,再发布外部使用都无法全面保证质量,裁剪掉集成测试和系统测试,怎么能交付使用?然而,三年实践下来,我们已经有两个子项目持续保持在"一杆进洞"成功的质量水平,不再需要繁冗绵长的系统测试,成为免检产品,而体型庞大的主产品也只需进行一次验收和修订,就可以达到发布外场使用标准,集成和系统测试阶段完全不需要了。"一杆进洞"版本交付质量管理规范在产品研发团队中坚持实施数年,灵活而有效。整个团队充满了团结创新、活力自信,充满了生机。

2.8.2.1　敏捷改进需要

"一杆进洞"质量目标控制规范是伴随敏捷成熟度提升而不断演进的。在敏捷初期自动化程度不高的情况下,验收测试周期还无法达到 1 周标准,测试环节还比较多。项目根据最终"一杆进洞"目标,制定了度量和人员调整,进行了一定程度的硬切换,通过标准进行角色转变、方式改变,两者相辅相成,不断完善。

伴随敏捷成熟度提升,"一杆进洞"质量目标控制管理规范也在逐步完善。"一杆进洞"质量目标如图 2.8.1 所示。

2.8.2.2　质量目标控制具体化

"一杆进洞"规范促进产品研发团队整体质量意识提升,促进质量改进落地。

需求基线化、开发实现、前端测试、后端测试、外部验收和市场应用,这些产品研发及应用各个阶段均影响"一杆进洞"是否成功,反过来约束研发阶段的工作,如图 2.8.2 所示。

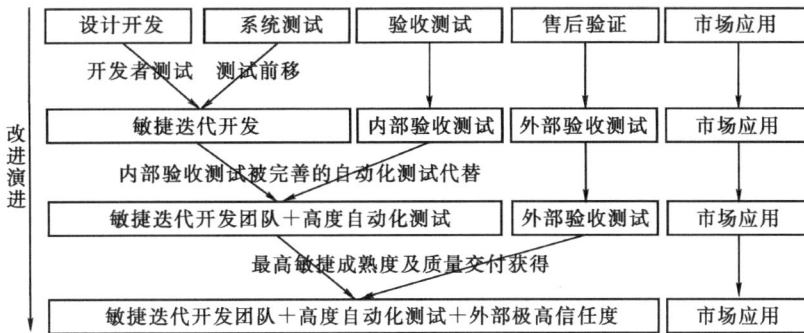

图 2.8.1　"一杆进洞"质量目标

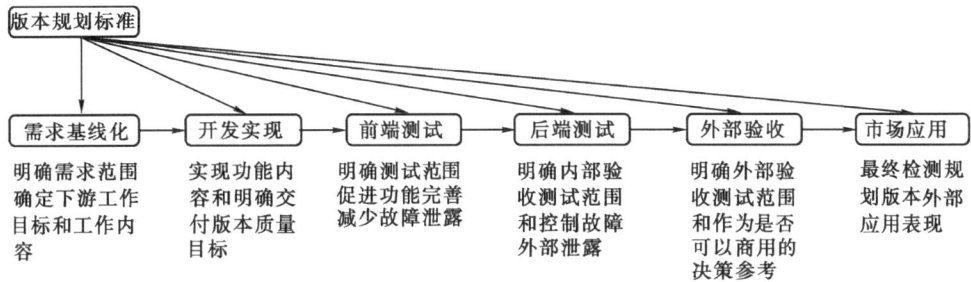

图 2.8.2　"一杆进洞"各个阶段

2.8.2.3　所处位置

"一杆进洞"基于产品级敏捷迭代开发及市场应用阶段：

(1)"一杆进洞"属于质量目标管理范畴。

(2)"一杆进洞"处于产品级敏捷的下游部分。

(3)"一杆进洞"包含研发团队最后交付前的研发内部验收测试和售后验收测试以及市场一定周期应用的表现。

项目研发团队遵循的迭代开发模型参考图 1.1.3 所示。

2.8.2.4　控制管理流程细则

(1)版本开发完成后,版本团队组织召开对内发布会议,满足对内交付清单要求。

(2)由验收测试团队负责版本的一轮验收测试,输出验收测试报告。验收测试周期原则上为 N 个工作日,具体版本的测试周期由后端验收测试经理和子项目经理协调确定。

注：N 定义为，当开发周期不大于 2 个月时，$N = 3$ 天；当开发周期大于 2 个月时，$N = 6$ 天。

（3）验收测试由子项目经理决定测试报告的结论（通过/不通过），验收测试人员参与讨论。对于不通过的结论，即时通知；对于是否"一杆进洞"成功，需要等到 6 个月以后，根据外场使用情况确认。

①发布决策会、售后版本发布以及故障复盘会议均须有验收测试人员参加。前端测试人员负责系统测试、自动化测试指标、性能测试，并输出相应系统测试、自动化测试（可选）和性能测试报告。

②子项目经理应在收到验收测试故障汇总单起 3 个工作日内给出该版本的必须修订故障数。

③子项目经理认为版本无需修正即可直接发布的，等待外场验证结果最终判定是否"一杆进洞"成功。

④版本必须修订故障少于"开发泄露故障门限"的，版本团队须在子项目经理规定的时间内完成修订并交由验收测试团队进行一轮补丁测试。如果补丁测试通过，且外场验证阶段反馈没有立即修改故障，则不对团队进行处罚，仅对故障责任人进行当月考核。故障责任人由子项目经理确定。

注：此处"测试通过"定义为需要修订的故障已解决，且没有引入新的故障。"开发泄露故障门限"定义为单机版 4 个，服务器版 8 个。

⑤在补丁版本修改时，开发团队只能修改协商好的必须修改的故障，其他故障不允许修改。如果修改了，视为立即修改故障。

⑥故障池中的故障是否必须在当前版本中修订由子项目经理和用户沟通确定。如果存在争议，在 PDT 会议上仲裁。

⑦如果子项目经理决策不用修订的故障被用户直接投诉的，那么子项目经理负全责；若在外场实际部署后 6 个月发生，则不追究责任。

⑧对开发团队奖惩，如果发生以下两种情况之一，对该版本开发团队考核：第一种，验收测试发现立即修改故障大于等于开发泄露故障门限；第二种，补丁版本有立即修改故障。如果"一杆进洞"成功，开发团队可以拿到奖励。

⑨开发团队和验收测试团队的奖惩标准有明细规则（前端测试人员的奖惩归属开发团队）。

⑩"一杆进洞"成功定义为:验收测试没有立即修改故障,并且在发布后,考核周期内没有被决策出需要考核故障。"发布后"包括系统测试部测试、外场验证等等情况。

⑪外发版本考核周期定义为 6 个月。对于 6 个月以后发现故障不再用来考核。

外部问题处理流程说明:

a.问题处理:外部故障由用户或者项目的商用测试人员录入 SWF 系统。问题录入 2 个工作日内 SM 要指派责任人处理,责任人对问题整个流程跟踪,直至问题有明确结论或者关闭(包括关闭、转需求、已转出、非故障等结束状态)。正常故障处理流程是从待处理到处理中,再到待验证,直至关闭。故障关闭时,需要备注清楚"谁、什么时候"同意关闭的。

b.问题跟踪:每月初,统计外场问题确认,进行公示。项目经理、验收团队等反馈有问题的进入裁决,对于最终的裁决结果,进行考核,验收团队的工作质量和版本"一杆进洞"失败。

如图 2.8.3 所示对"一杆进洞"质量监控管理流程进行了说明,并对参与产品研发不同职责的子团队和岗位角色人员进行适当奖惩。

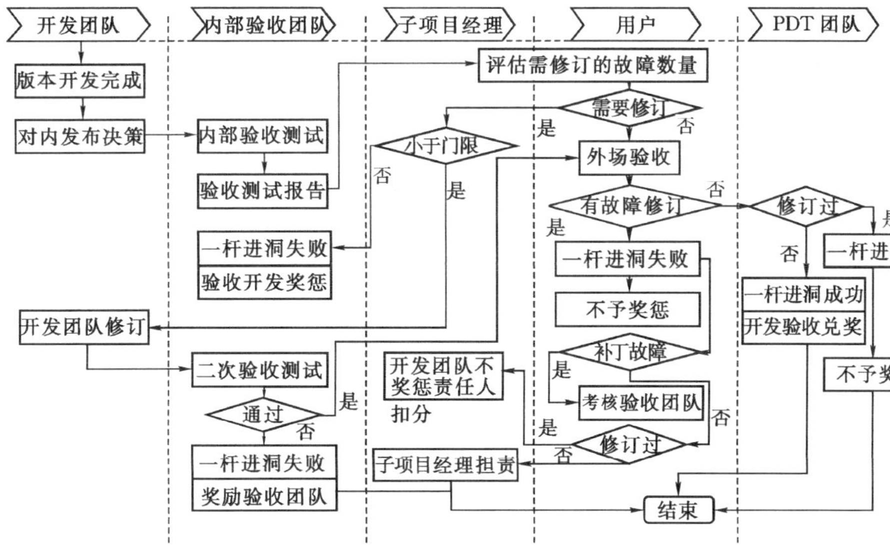

图 2.8.3　"一杆进洞"质量监控管理

2.8.2.5 "一杆进洞"效果

1. 有效的"一杆进洞"质量管控流程

"一杆进洞"质量管控流程如图 2.8.4 所示。

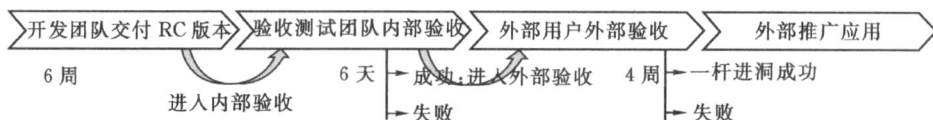

图 2.8.4 "一杆进洞"质量管控流程

2. "一杆进洞"质量管控规则特点

(1)准"零"故障版本交付——只允许极少数用户认定不影响版本使用的问题存在。

(2)挑战"零"故障版本交付最高目标——高标准要求团队交付高质量版本。

3. "一杆进洞"实施效果

"一杆进洞"自实施以来,达标的版本逐步增加。

(1)对项目团队形成压力和激励,促使团队在"一杆进洞"规范框架下提高质量意识和加强交付质量提升。

(2)从最初 2013 年试行之后的无达标开始,逐步有交付版本达标,再到达标版本增多且比例逐步提升,其中有些版本持续保持"一杆进洞"水平,整个团队的质量能力都得到大幅提升。

从最初 2013 年试行之后的无达标开始,逐步有交付版本达标,再到达标版本增多且比例逐步提升,整个团队的质量能力都得到大幅提升(见表 2.8.1)。

表 2.8.1 "一杆进洞"质量管控版本质量数据

软件分类	2016 年下			2016 年上		
	交付版本数	通过版本数	版本通过率	交付版本数	通过版本数	版本通过率
软件 A	5	3	60.00%	9	4	44.44%
软件 B	4	1	25.00%	5	1	20.00%

软件分类	2016 年下			2016 年上		
	交付版本数	通过版本数	版本通过率	交付版本数	通过版本数	版本通过率
软件 C	2	1	50.00%	4	1	25.00%
软件 D	5	2	20.00%	1	0	0.00%
软件 E	9	4	44.44%	4	3	75.00%
合计	25	11	44.00%	23	9	39.13%

2.8.3　敏捷过程质量度量

产品研发团队敏捷过程质量度量指标规范包括价值、内部结果质量和内部过程质量。如图 2.8.5 所示,将产品研发过程中各个阶段的质量活动进行说明,各个阶段质量活动展示的质量度量数据可以判断出各个阶段和多个方面存在的问题,或者经过度量数据体现出哪些方面做得好和哪些方面还需要改进。

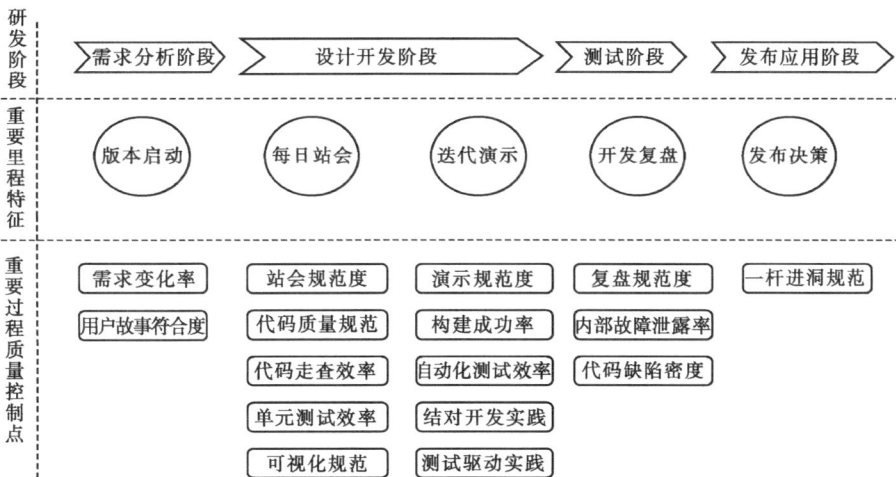

图 2.8.5　敏捷过程质量活动

2.8.3.1　需求质量控制度量

敏捷研发过程需求变化是常态,拥抱变化是敏捷研发的核心价值观之一。产品级敏捷控制管理需求变化在一个合理范围内,软件产品需求变化率指标必须控制在 30％内,从变化需求数量和变更需求引发工作量的两个维度度量需求变化率。当需求变化率超过 30％的比例时,表明需求变化异常剧烈,会导致软件产品研发交付过程失控,研发交付质量难以保证。当需求变化率达到 20％以上时,研发交付过程比较痛苦。

虽然敏捷研发过程的特点是拥抱变化,相较于传统的软件开发交付流程,能够在过程中更灵活地通过沟通来响应用户较多的变化,但需求的变化程度仍然需要有一个合理的范围。

除此之外,还通过价值角度度量需求,包括市场需求交付率、项目需求交付率、可服务需求实现率,整机关键性能指标全部满足要求(不少于 X 个),真正反映价值交付。

根据需求规划,开发团队在一个版本开发周期开始之际,召开一个版本开发启动会议,澄清本版本开发周期需要完成的功能清单以及达到的性能指标要求,还有交付时间节点和人力资源配置等计划明确,以便开发团队按既定目标开发完成并交付满足质量要求的交付版本。如图 2.8.6 所示,在版本交付完成或者版本开发中间一个迭代周期结束后,开发团队召开复盘会议,总结上一阶段完成的需求、遇到的问题以及下一阶段更应该注意的事项。

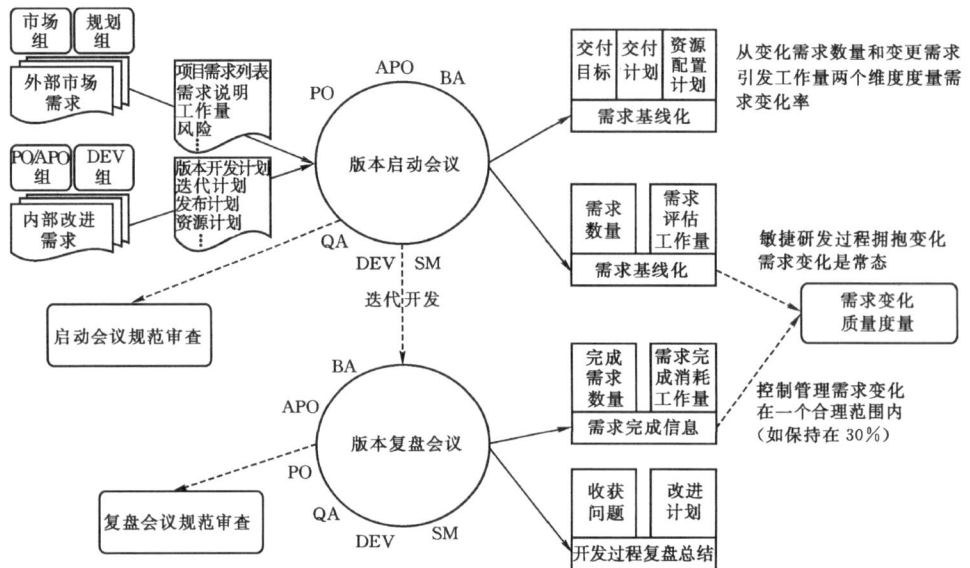

图 2.8.6　产品研发团队敏捷过程质量度量

2.8.3.2　研发过程质量度量

在项目研发过程中,从下面几方面进行质量管理,通过快速反馈,保证质量。

(1)内部过程质量:包括代码走查覆盖率(新增修改代码)、UT/FT 代码覆盖率、CI 执行成功率、FT 新增代码分支覆盖率、FT 用例执行成功率、IGT 用例执行成功率、产品/平台需求–系统测试用例的追踪覆盖率、ST(手工)规程执行率、新特性测试规程自动化比例、所有 ST 规程自动化比例、验收测试故障拒绝率和文档测试覆盖率。

(2)内部结果质量:包括代码圈复杂度、验收测试缺陷密度、全部缺陷密度(验收测试＋前端测试＋自动化测试)、代码缺陷关闭率、文档缺陷关闭率和遗留代码缺陷。

研发过程质量度量如图 2.8.7 所示。

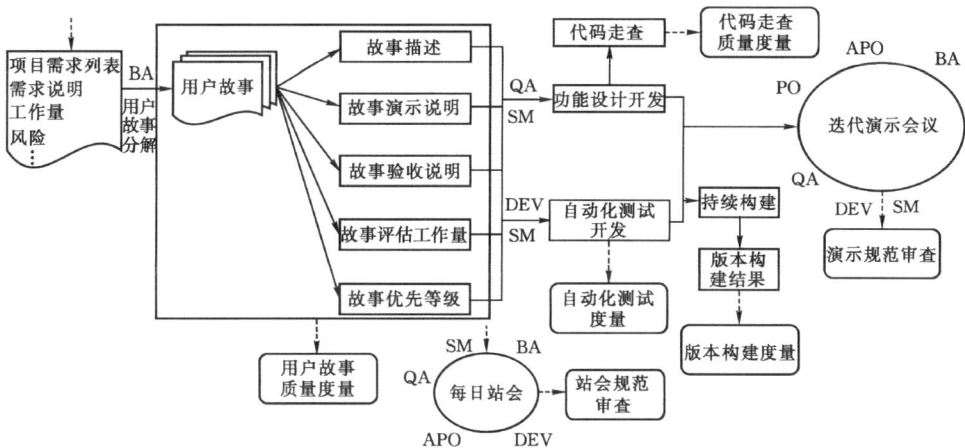

图 2.8.7　研发过程质量度量

2.8.3.3　每日站会

每日站会是研发管理的一部分,因为在敏捷研发中意义突出,故单独说明。

每日站立会议在早晨固定时间召开,通过回答:

(1)昨天我做了什么?

(2)今天我计划做什么?

(3)我遇到了哪些问题?

团队成员能迅速进入工作状态,了解项目的进展及其他成员工作情况及项目遇到的障碍。会后团队成员立即开始解决障碍,及时清理技术债,降低质量成本。

产品团队通过自研的 SWF 系统实现面板 Web 化,故事状态变迁会邮件通知到项目的所有人员,即使异地研发也相当便捷。

2.8.3.4　迭代演示会议

由于迭代演示会议作用突出,虽然是研发管理的一部分,因此也单独说明。

(1)会议主要是验证迭代研发成果,检查是否完成迭代目标。

(2)会议人员包括研发人员、业务方人员和质量人员。

(3)演示内容包括迭代目标、用户故事完成情况和非功能性需求。

(4)演示负责人收集业务方(PO)的反馈意见,并给出优先级排序。团队结合反馈给出一个改进计划。

(5)迭代演示会议一般不超过 1h。

1.产品项目研发团队研发各阶段重要质量数据分析

(1)质量目标完成情况,如图 2.8.8 所示。

质量指标	半年目标	实际	
一杆进洞成功率	9/2	5	✓
需求变化率	30%以内	28.38%	✓
构建成功率	95%以上	96.13%	✓
代码走查率	100%	100%	✓
外部故障泄漏率	5%以内	4.39%	✓
故事及时交付率	100%	100%	✓
平均故事粒度	5	4.78	✓
平均复杂度	3	2.46	✓
平均块深度	2	1.56	✓
缺陷密度	3个/千行	1.39个/千行	✓
自动化用例发现故障比率	20%	—	✗
新增功能自动用例覆盖率	80%	—	✗
自动用例代替手工用例数	260	>300	✓

图 2.8.8　质量目标完成情况

(2)需求变化和用户故事各项目情况,如图 2.8.9 所示。

(3)持续构建与自动化测试各个项目情况,如图 2.8.10 所示。

(4)外部泄漏故障质量情况,如图 2.8.11 所示。

序号	项目简称	需求变化率	最大故事粒度	平均故事粒度	故事及时交付率	代码走查率	最大圈复杂度	平均圈复杂度	平均块深度
1	NetMAX&NDS-GU	30%左右	18	4.99	100%	98%	7	1.99	0.89
2	CNO	10%左右	26	4.37	100%	70%	31	2.47	1.25
3	NDS-LTE	30%左右	27	5.57	100%	70%	24	2.39	1.57
4	NetMAX-LTE	40%左右	55	5.74	100%	100%	24	3.8	2.31
5	NetMAX-Plat	40%左右	24	5.63	100%	100%	16	2.43	2.01
6	C-SON	20%左右	18	3.79	100%	80%	-	-	-

图 2.8.9　需求变化和用户故事各项目情况

序号	项目简称	自动化测试发现故障率	自动化测试代替手工测试用例数	新增功能自动化测试覆盖率	自动化构建成功率
1	NetMAX&NDS-GU	8.5%	702	99.6%	93.00%
2	CNO	0.2%	814	60.80%	96.51%
3	NDS-LTE	17.0%	2307	98.2%	90.87%
4	NetMAX-LTE	2.9%	485	97.0%	94.13%
5	NetMAX-Plat	-	-	-	92.17%
6	NetMAX	-	-	-	90.87%
6	C-SON	6.6%	283	85.20%	85.75%

图 2.8.10　需求变化和用户故事各项目情况

序号	项目简称	外部故障泄漏率	外部泄漏故障数	外部故障及时解决率	代码缺陷密度
1	NetMAX&NDS-GU	8%	60	100%	3
2	CNO	5%	20	100%	3
3	NDS-LTE	3%	12	100%	3
4	NetMAX-LTE	5%	100	100%	3
5	NetMAX-Plat	5%	50	100%	3
6	NetMAX	5%	100	100%	3
6	C-SON	5%	50	100%	3

图 2.8.11　外部泄漏故障质量情况

2. 基于 SWF 敏捷协作管理系统可视化质量度量管理

产品级敏捷研发的协作管理系统是 SWF 系统,包括项目需求列表、版本开发计划、持续构建结果、任务进度状态迁移、外部故障管理等,并且提供相应的汇总报告(见图2.8.12)。所有的任务和变更都可以通过邮件自动推送,提高研发透明度和管理效率。

3. 基于 SWF 敏捷协作管理系统外部故障跟踪管理确保及时解决

敏捷协作管理系统如图 2.8.13 所示。

2.8.3.5　复盘和改进

产品级敏捷研发复盘包括 Sprint 复盘、Release 版本整体复盘和外部泄漏故障复盘。

(1)Sprint 复盘以迭代演示成果为准,及时修正需求实现,订正 Sprint 计划。

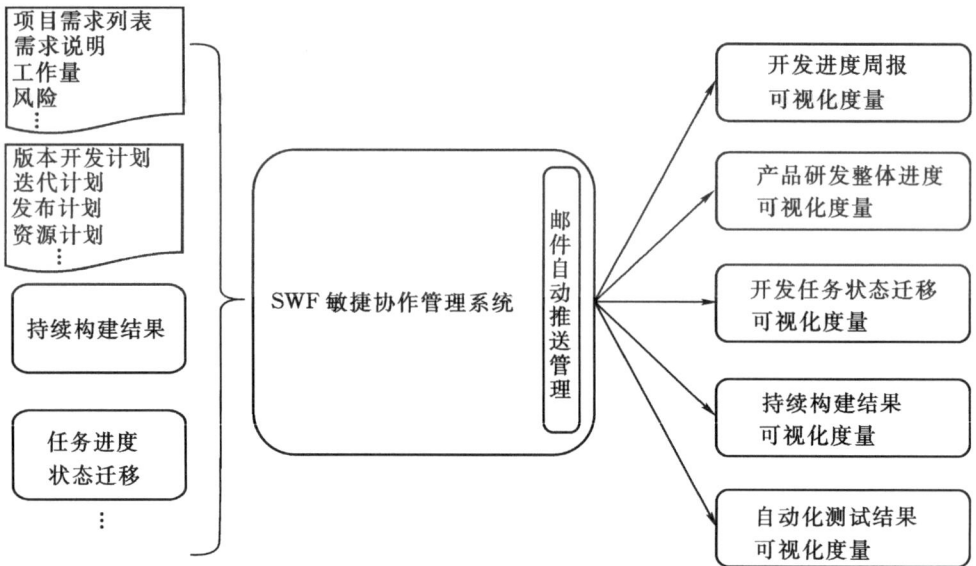

图 2.8.12　SWF 敏捷协作管理系统

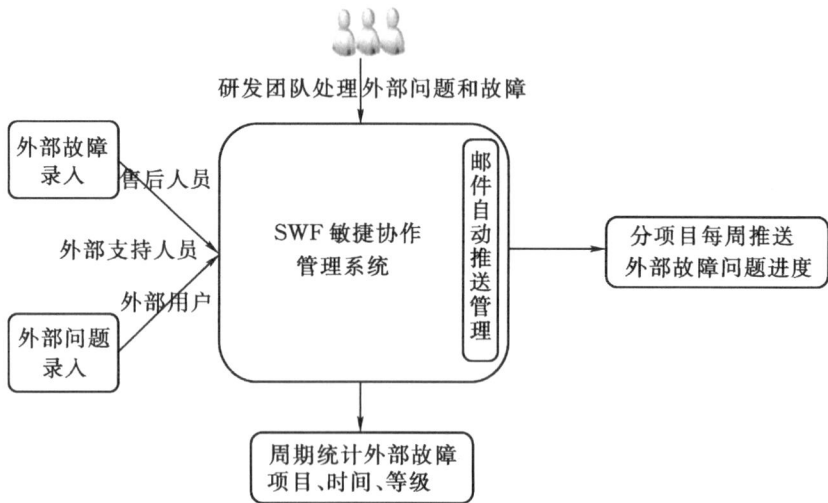

图 2.8.13　敏捷协作管理系统

　　(2)Release 版本复盘上总结继续做和停止做的工作,提升版本研发效率。

　　(3)外部故障复盘从换位思考角度,加强研发人员从用户角度思考问题,帮助团队更有效地开展质量改进工作。

2.8.4　代码质量管理

代码质量是版本质量的基础,对当前的开发和后续的维护都有重要意义,所以需要严格的规范指导和流程约束,以保证开发团队编写的代码具备稳定性、高效性、可扩展性和易维护性。要做到代码高质量,需要从编码规范、代码质量检查、代码度量、代码测试这几方面下功夫。

2.8.4.1　编码规范和开发指导手册

编码规范是对开发人员在编写代码时,具有自己公司或团队特色的规范要求,用于指导开发时的整体思路和编码细节。编码规范对于人员较多的公司和团队更为重要,它是统一开发人员思路和编码细节的“红宝书”。目前,我们已有并使用《C++编码规范》、《Java 编码规范》、《Python 编码规范》和《Obeject C 编码规范》。

开发指导手册主要包含项目程序的框架设计、数据库设计、业务流程设计和接口说明。虽然敏捷开发尽量减少开发人员在文档上的工作量投入,但实际工作中,详细设计可以去掉,设计和接口的开发指导手册还是很有意义的,能够减少歧义、提高新功能的开发效率、降低代码维护成本,也便于新员工学习和上手。

2.8.4.2　代码质量检查

代码质量检查分为自动化和人工化两种:自动化指的是通过代码静态检查工具,来检查代码是否有问题;人工化指的是通过其他人进行代码检查,来检查代码是否有问题。一般来说,静态检查工具主要检查语法问题,人工检查主要检查代码逻辑。

使用到的静态检查工具主要有 Klockword 和 CppCheck 等,CppCheck 在持续构建环境上的任务及检查结果如图 2.8.14 所示。

代码静态检查结果示意如图 2.8.15 所示。

人工检查代码的方式有很多,比如敏捷开发提倡的结对开发,将代码走查尽量提前;或者之前章节提到的交叉走查;或者采用团队走查形式,即一个人讲自己的代码,其他人一起来检查。具体采用的方式可根据自己团队的特点进行选择。

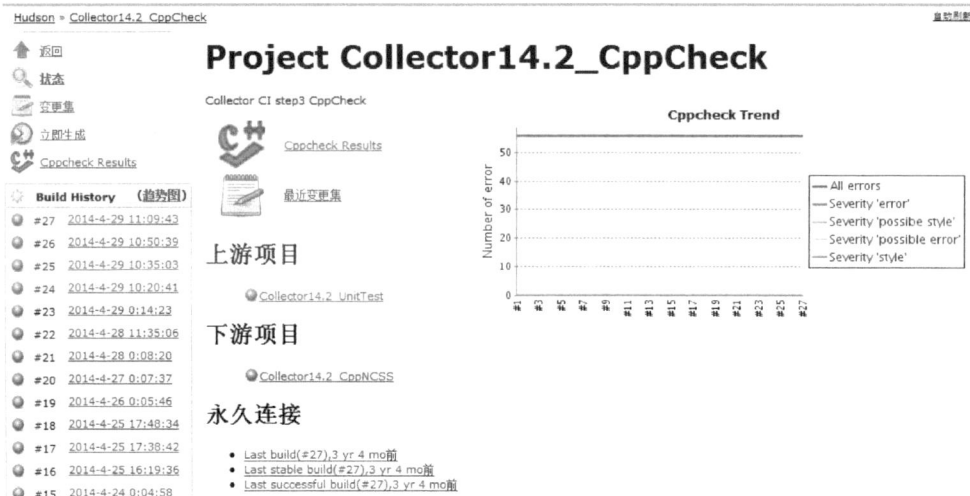

图 2.8.14 代码静态检查

图 2.8.15 代码静态检查结果示意图

2.8.4.3 代码度量

定期进行新增代码度量分析,以开发团队为单位,有函数平均复杂度、函数平均代码行、最大函数复杂度、注释率和平均块深度等多个维度,并根据代码度量评分,进行排名。排名与考核挂钩,保证各开发团队对代码质量的充分重视。

代码复杂度如图 2.8.16 所示。

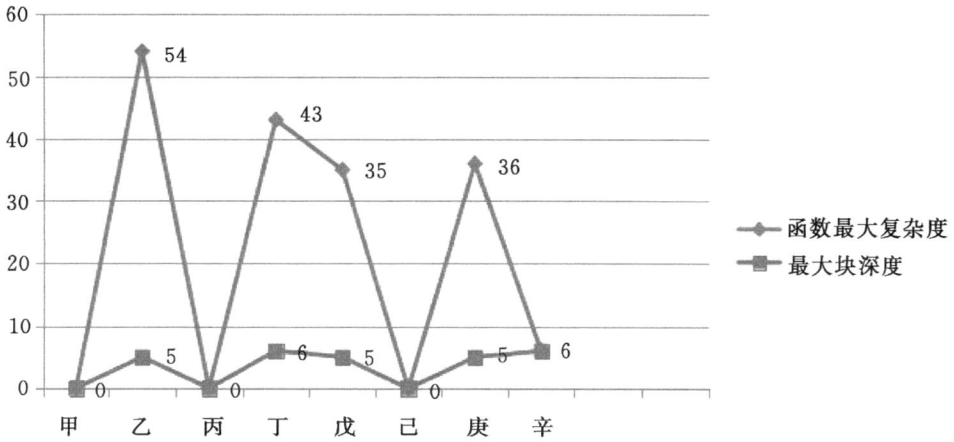

图 2.8.16　函数复杂度和块深度

新增代码行数如图 2.8.17 所示。

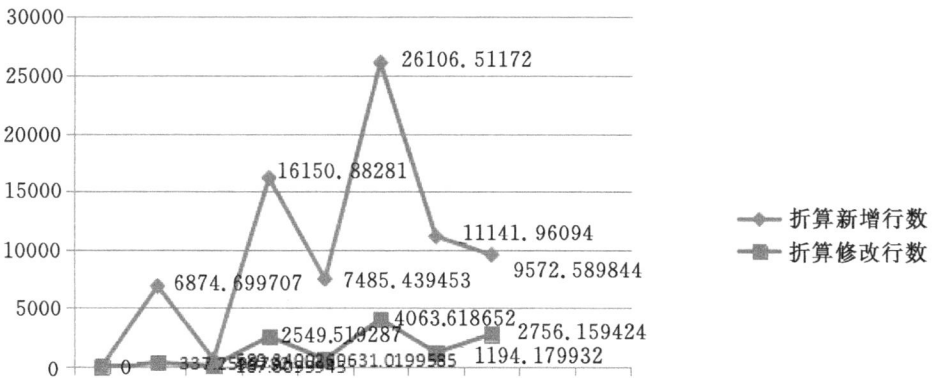

图 2.8.17　新增代码行数统计

开发团队输出代码质量度量评分如图 2.8.18 所示。

子项目	版本团队	SM	平均代码行 Avg Stmts	平均代码行得分	平均函数复杂度 Avg Complexity	平均函数复杂度得分	最大函数复杂度 Max Complexity	最大函数复杂度得分	注释率 Comments	注释率得分	平均块深度 Avg Depth	平均块深度得分	总分	综合得分
			4.5	7	2.25	7	5	7	6.3	0.5	1	2	23.50	23.50
			13.83	5	2.53	7	6	7	22.4	2	1.81	1	22.00	22.00
			4	7	2	7	7	7	2.2	0.5	1.63	1	22.50	22.50
			5.08	6	1.57	7	8	7	13.2	0.5	2.18	0.5	21.00	21.00
			2.56	7	1.75	7	8	7	36.9	2	1.14	2	19.55	19.55
			2.21	7	1.38	7	8	7	26.7	2	1.71	1	24.00	24.00
			5.16	6	1.4	7	8	7	0	0.5	2.05	0.5	21.00	21.00
			9.19	6	3.42	6	12	1	4.3	0.5	2.06	0.5	19.55	19.55
			8.48	6	3.76	6	15	1	11.3	0.5	2.15	0.5	14.00	14.00

图 2.8.18　代码质量评分

2.8.4.4　代码测试

针对代码的测试验证,除了上述的静态检查,还需要运行时的动态正确性检查,主要通过单元测试保证功能正确性,通过性能测试保证功能的可用性和高效性。

单元测试一般以函数为最小单位,进行输入、输出测试,根据不同的输入和参数配置,检查输出是否与预期一致,常用的单元测试工具有 Junit 和 C++Test。单元测试的结果,会以列表形式发给相关人员,错误的行标红提醒。

性能测试的粒度比较宽泛,可以最小化的一行命令,也可大到整个程序,通常选择可性能测试的最小单位进行性能测试。在确保自己写的代码没有性能问题后,可以将整个程序交由后端验收同事进行性能验证。

针对 C/C++ 程序,需要多一项内存检查,使用 Windows 下的 VLD 或 linux 自带的 Valgrind 等工具,可以检查程序是否存在内存泄露等相关问题。

2.8.4.5　代码质量小结

写代码如同写文章,文笔是否规范、用词是否准确、行文是否流畅、段落是否分明等因素都决定着文章质量的高低,而文章质量的高低直接影响整部作品的成功与否。写代码亦是如此,下面结合实践情况对于代码质量管理的方法进行总结。

根据实践总结,下面四个方面对于代码质量管理是至关重要的(见图 2.8.19)。

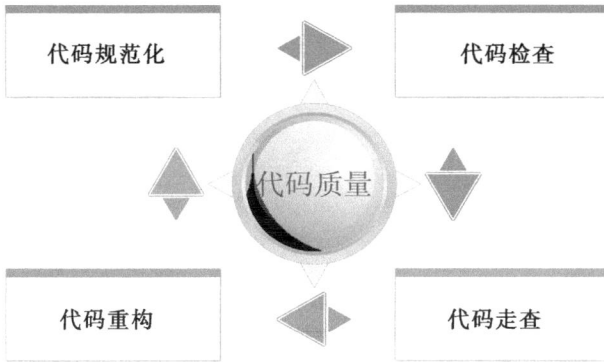

图 2.8.19　代码质量管理

1.代码规范化

代码规范是一项看上去简单但坚持下来很难的工作。代码的规范性保证一方面依托工具,另一方面依托代码走查。

2.代码监控

代码监控通过工具对代码进行有效的检查管理,如 findbus、klockwork 等。值得注意的是,工具按照固定的模型进行代码检查,对于检查结果要有选择地进行再次核对检验,一定不要迷信工具。

3.代码走查

代码走查是十分"古董"但又非常有效的方式,在各种工具风靡的今天,代码走查依然占据十分重要的位置。

以自身的实践经验,整个代码走查主要活动如图 2.8.20 所示。

1)走查主题

在走查活动正式开始前,根据项目实际情况确定走查主题,一方面走查更加有针对性,一方面提高效率。

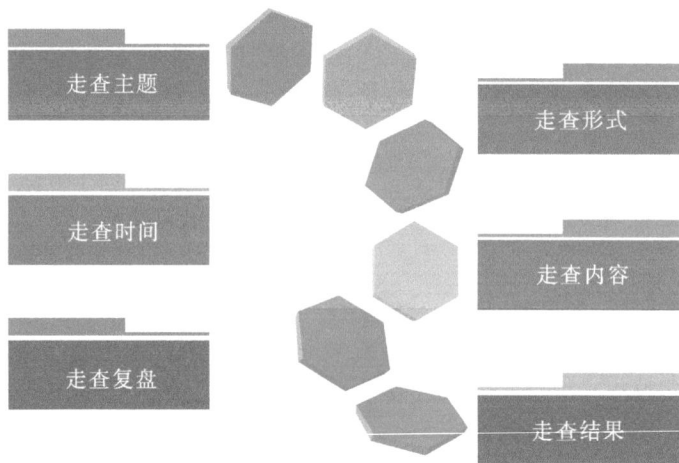

图 2.8.20 代码走查

2)走查形式

团队成员轮流主持。

3)走查时间

每天早上晨会后,20min 左右(一方面早上较清醒,一方面是时间不宜过长,以免降低走查效率)。

4)走查内容

由第二天走查主持人在当天下班前确定,并通知相关人提前准备好代码及讲解。

5)走查复盘

走查开始前,对昨天的走查结果进行复盘,修改是否符合意见提出人的要求。

6)走查结果

由主持人记录走查意见并发给相关人修改。

4.代码重构

代码重构是提高质量的终极手段,成本也是相对较高的。有一次,项目中一个功能经过多人维护过,并且逻辑已经非常复杂和混乱,如果再继续维护下去,维护成本也是极高的。经过团队评估,代码重构带来的收益会远大于后续维护成本,因此最终决定进行代码重构。

5.自动化工具使用

对代码质量管理页采取了自动化的手段,提升代码质量管理效率。下面描述在编码开发、构建过程中,借助 Klocwork 工具对代码进行自动化扫描检查,按 Klocwork 静态代码扫描规则消除代码中存在的告警隐患。

在开发人员 IDE 开发环境部署 Klocwork 插件,对自己输出代码本地进行扫描并消除告警。管理多个团队不同语言(如 Java、C＋＋、C＃)代码时,集中将代码下载到一个服务器,通过 Klocwork 自动化执行脚本,对多个项目软件进行集中扫描并发出告警清单给各个开发团队,由开发团队进行告警消除。

在各个项目软件 CI 构建环境,也可以部署 Klocwork 工具与编译打包环节串联,当编译经过 Klocwork 检测通过时,才能进行安装包输出。

代码 Klockwork 工具自动化代码质量扫描实施流程如图 2.8.21 所示。

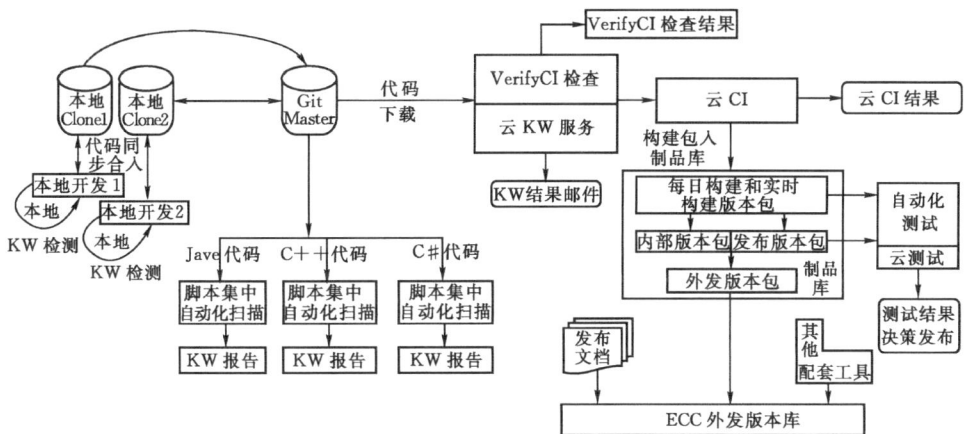

①开发者归档代码前本地 IDE 插件 KW 检查　②代码归档后集中脚本扫描 KW 检查
③云 KW 集中代码检查　④代码归档后集中脚本扫描 KW 检查

图 2.8.21　代码 Klocwork 工具自动化扫描部署

第 9 章

版本管理

2.9.1　代码管理

在软件项目研发和维护过程中,相当长的生命周期内需要进行源代码的版本管理。由于源代码在软件研发不同阶段存在不同频度的源代码版本更新,而且软件开发团队中编码设计人员较多,有的大型项目甚至达到上千人,代码更新管理显然不能靠人工本地完成,必须依赖专用的源代码版本管理工具平台,支撑起频繁更新归档的源代码和开发团队多人协同协作,使编码开发人员不再花更多的时间管理代码,极大地提升团队研发效率。

我们的产品研发团队使用的是软件业界常用的代码托管工具 SVN 和 GIT,其中 SVN 是集中式源代码版本管理工具,GIT 是分布式源代码版本管理工具。还有 VSS、CSV 等源代码管理工具,此处不做过多的说明。

2.9.1.1　SVN 源代码管理工具

集中式源代码管理工具 SVN 分为集中管理服务器端和分散安装在开发人员开发机上的客户端。服务器端安装 SVN 管理服务软件,配置固定网址和源代码库分支路径并支持权限配置管理。客户端软件安装在开发人员开发机上,连接源代码管理服务器地址路径下载和上传源代码。

SVN 集中式代码管理方式如图 2.9.1 所示。

2.9.1.2　GIT 源代码管理工具

通过 GIT 工具从宿主版本库中克隆一个本地代码仓库,本地开发者可以进行本地代码库管理和维护更新,待需要时可分布式源代码管理工具 GIT 也是分为代码管理服务器端和用户端,不同之处是本地可以选择一个时间点推送到主服务器。另外,开发者之间可以进行代码同步更新。

　　GIT 源代码管理更适应当前互联网软件开发的源代码管理场景,如图 2.9.2所示。

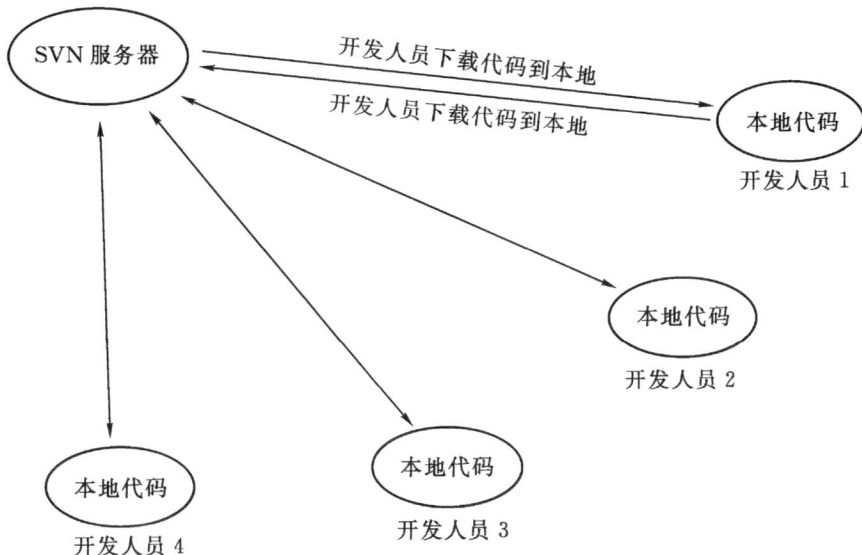

图 2.9.1　SVN 源代码集中管理示意图

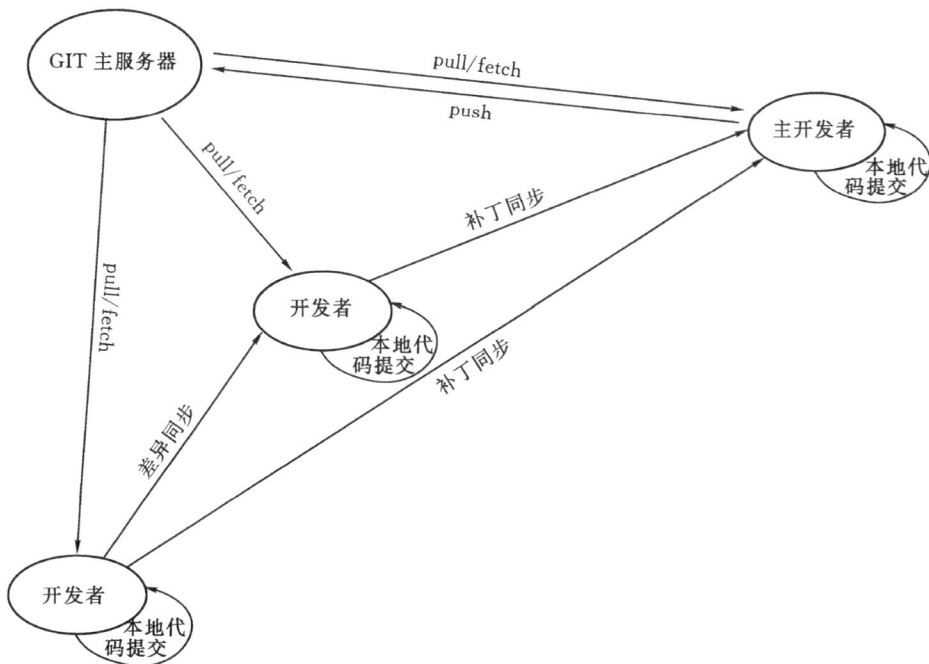

图 2.9.2　GIT 分布式源代码管理

GIT 的优势：

（1）版本库本地化，支持离线提交，相对独立，不影响协同开发。

（2）更少的"仓库污染"。

（3）把内容按元数据方式存储，完整克隆版本库。

（4）下载上传源代码速度更快。

（5）支持快速切换分支，方便合并，比较合并性能好。

（6）分布式版本库，无单点故障，内容完整性好。

（7）Gerrit 封装了 GIT，增加了代码评审和代码配置，易用性增强。

2.9.2　开发人员源代码版本管理

开发人员使用 SVN 或者使用 GIT，会出现部分代码漏归档或者归档多余过程文件资源。一般出错的情况通常是开发人员将服务器上源代码检出或者克隆到本地后，直接在检出或者克隆源代码位置进行开发编译。虽然 SVN 或者 GIT 工具有红色/绿色等代码变更警示标志，但本地代码路径复杂度高，任务紧张，特别在版本发布节点前，会出现代码漏传导致 CI 构建异常，影响项目交付效率。

如果觉得本地修改代码不能完全确定是否归档完整，可以增加一道检测机制，在代码归档前使用代码比对管理工具比较后合入归档。本地操作管理流程如图 2.9.3 所示。

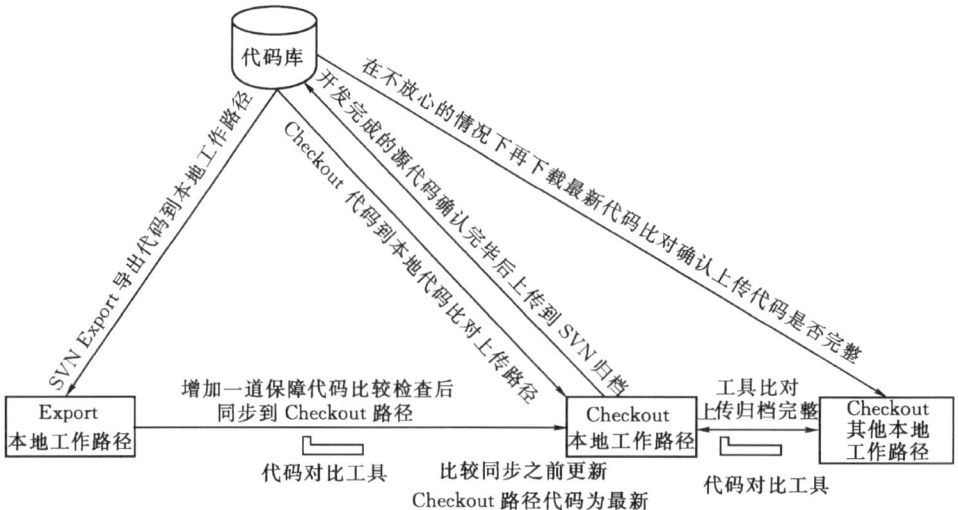

图 2.9.3　本地源代码版本管理操作流程示意图

1.编码开发位置和代码检出位置分开管理

通常开发人员将源代码通过检出命令下载到开发环境的办公机上,直接在检出路径基础上进行编码开发,认为开发完成后,修改和新增文件在检出路径位置直接上传到对应项目路径的 SVN 代码库。这种操作方式的风险就是同一个项目工程中在多处代码修改和操作文件较多的情况下,容易上传多余的临时文件,容易导致文件错误上传或者漏传。

2.上传代码前通过文件比较工具增加一次检查

在开始准备编码开发文件时,编码开发位置和代码检出位置分开管理,检出一处源代码,导出一处源代码,通过文件比较工具(在排除未见中填入 ＊.svn 过滤掉 svn 隐藏文件夹)比较两处源代码移植。确认一致之后,将代码导出的路径作为编码开发工作路径开始工作。在认为开发完成,保存所有新增和变更的代码文件后,到代码检出路径将代码更新为最新代码,再通过文件比较工具比较和同步两边的源代码。检查确认无误后,再到代码检出位置上传自己修改和新增的源代码。

3.GIT 解决本地代码冲突方法

GIT 对库作为一个整体来管理,本地向主库合入本地新修改代码时,多人修改同一个代码文件情况下会存在版本冲突无法上传的问题,需要用户在上传代码前整体更新一下,然后将修改代码合入。建议用户将工程路径与本地克隆库路径分开。

2.9.3　源代码分支版本管理

在 SVN 或者 GIT 源代码管理系统中,可以很方便地拉出一个源代码版本分支,用于对已经交付版本的源代码备份,为后期维护局部修改提供基础源代码版本。

对于市场上已经大面积应用的软件版本,用户越多,针对该版本提出的问题和建议或者新需求就越多。根据用户的要求,紧急或者快速提供局部修改优化的情况很普遍,因此项目团队每输出一个正式版本,都需要将匹配代码进行分支备份管理,以满足后期局部维护开发。

2.9.4 每日 CI 构建版本管理

开发人员使用 SVN 或 GIT 提交自己开发源代码后,CI 构建服务器使用 Jenkins 引擎从代码库下载最新源代码,编译打包生成构建版本包(失败异常邮件告警通知),包含版本包名称和日期。自动化测试环境服务器从 CI 版本构建服务器版本生成路径自动识别下载最新版本,进行自动安装部署测试并输出自动化测试结果。在自动化测试不完整情况下,结合自动化测试结果补充手工测试,输出整体版本质量报告,供版本发布决策。

CI 构建版本位置如图 2.9.4 所示。

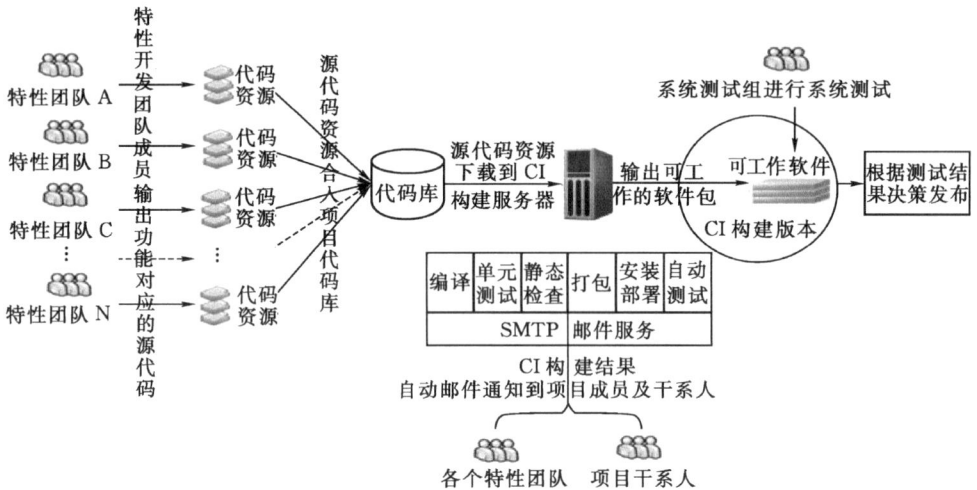

图 2.9.4　CI 构建版本位置示意图

2.9.5 版本发布管理

项目团队在交付节点按要求输出符合要求的软件版本之后,需要归档到一个长期不变动的版本管理服务器上,方便软件研发团队存放最终输出成果物(软件版本包和配套文档等),也方便用户正确地获取所需要的软件版本。版本包配套存放相应的版本包说明文档,方便后期市场应用维护中的版本回溯。

在复杂的协作项目群中,开发团队很多,各自输出独立的自软件和部件。各个自软件或者部件在大系统中的位置和地位不同,有的是运行在 Windows 系统的应用程序,有的是运行在 Linux 系统的服务程序,还有输出的是动态库或者插件,或者是软件辅助工具等。各个自软件的作用和开发维护周期以及交付时间点也有差异,软件版本之间的关系就十分复杂,大系统的版本管理维护显得极其重要。

对于项目研发团队来说,输出的过程版本或者最终版本,取自 CI 构建服务器,交付或者归档项目研发团队自己认为可以交付的软件版本包。根据研发过程交付版本的使用场景,分为以下几类:

(1)集成版本:根据其他软件接口要求,由开发团队交付的自软件版本或者部件,用于系统联调或者最终向外发布。

(2)试用版本:当满足用户需求的 1 个特性或者多个特性开发完成后,开发团队输出一个用户试用版本,交给用户体验,根据用户体验反馈的建议和意见进行再完善。

(3)商用版本:当项目研发团队完成所有计划的需求并经过严格测试,认为软件版本质量达标并满足用户要求时,则可以正式对商用用户发布。

(4)补丁版本:在已经发布的版本的基础上,客户根据外部应用情况提出必要的局部改进或者软件出现紧急缺陷,则需要在已经发布的软件源代码的版本分支的基础上,进行局部源代码修改,输出新的软件版本包,以补丁方式发布给用户。或者其他方面修订,在已经安装的主版本基础上,运行非软件主体版本包程序,对主版本进行在线修订。

(5)定向版本:定向版本开发发布流程相对比较灵活,主要适用较紧急、使用面不大的特殊用户场景,可以用于外部招标演示,外部临时部署,或者其他验证支持等。定向版本在研发流程测试验证方面可以简化操作。

(6)对于正式对外发布的商用版本,经过严格的审核归档到商用版本发布管理系统中,供外部客户获取。正式商用的版本,包含正式的版本包和匹配的辅助文档。商用版本发布管理系统外发下载使用需要经过审核,并记录下载内容、下载场景、下载时间、下载人、关联合同信息以及其他备注信息等。

2.9.6　文档版本管理

2.9.6.1　敏捷研发文档要求

敏捷开发模式过程相对于传统瀑布式开发模式,对文档的要求不那么严格,但基本研发过程支持文档和随交付软件版本输出的用户文档是必须有的,而且文档的内容根据场景需求而使用匹配的文档模版。

在我们的网络优化软件产品研发过程中,约定需要输出下面的文档(见表2.9.1)。

表 2.9.1　敏捷研发各阶段输出文档清单

序号	文档名称	文档说明
1	XX 项目任务书	立项需要,初步说清楚项目任务即可
2	XX 项目业务计划书	立项需要,说明近期项目业务开发交付计划
3	XX 市场需求说明书	立项和版本启动前需要,描述市场需求
4	XX 软件版本需求说明书	版本迭代开发启动前需要,描述项目版本需求
5	XX 软件迭代开发计划书	版本迭代开发启动前需要,描述迭代开发计划
6	XX 软件系统设计方案	基于项目特点说明方案方向,指导开发实现
7	XX 软件接口说明书	定义说明软件系统关键接口
8	XX 软件功能原型设计方案	针对有界面原型的系统功能输出界面原型方案
9	XX 软件版本迭代开发故事列表	说明迭代开发故事内容
10	XX 软件功能详细设计说明书	开发阶段可选,不提倡输出详细设计后再编码
11	XX 系统测试用例	测试用例说明,提倡用自动化测试用例直接代替文档测试用例
12	XX 安装部署手册	指导软件产品安装部署,随产品版本包发布
13	XX 用户手册	指导用户使用软件产品,随产品版本包发布
14	XX 软件功能清单	说明软件产品的基本功能,随产品版本包发布
15	XX 软件版本说明书	对软件版本进行关键信息说明,指导用户应用
16	XX 软件系统测试报告	软件交付时对软件产品进行测试结果的报告说明
17	XX 软件发布通告	正式版本发布仪式性说明,文档或网页或邮件

在具体的产品发布场景,用户会根据特殊情况要求提供要求的文档,例如产品安全评估报告、产品启用通知单、配套英文文档等。

总之,敏捷开发过程中输出的文档根据需要而定,不必要的文档可以裁剪。针对具体用途的文档,文档格式内容不做严格模版样式要求,包含内容无错误、不冗余、完整有用即可。

2.9.6.2　文档开发过程管理

敏捷研发过程对文档的要求以满足需要为主,辅助软件开发过程最终输出可以工作的软件,支持可工作的软件指导市场用户顺利地部署应用。

在立项阶段,需要有研发单位高层下达项目研发任务书,简单说明软件项目需要实现的内容和交付的时间节点以及软件产品的质量要求。根据项目任务书,接受研发任务的规划团队输出业务开发计划书,评估分析研发业务需求和制订软件开发交付计划以及资源配置。

在研发阶段,项目团队需要对需求进行实例化分析,跟规划团队沟通确认市场需求,形成可基线化的指导项目迭代开发的需求说明书。需求落入 SWF 系统中,进一步分解为特性和故事,由开发团队开发实现以及测试验证。

项目研发团队内部,开发组和测试组之间紧密沟通,开发、测试任务并行进行。测试组开发测试用例,对开发组输出的软件功能进行测试,以自动化测试为主,辅助部分重要关键点的手工测试。

版本交付前,测试组输出测试报告,其中包含自动化测试报告和手工测试报告,版本发布决策组根据测试报告分析评估输出的软件版本是否可以对外发布。

在软件版本研发交付过程中,配套文档同步开发,一般会在版本开发交付后期完成,赶在软件版本交付节点之前开发完成并经过评审测试。

第 10 章

交付与支持

2.10.1　交付与支持团队成立背景

　　软件质量是产品之基,是部门生存的根本,因此必须要保证外发版本的质量。为了对软件质量进行有效监督,部门专门设置了验收测试这一环节。验收测试是软件产品在交付市场实际使用前,进行的最后一次质量检验,是一次正式严格的测试活动,会对软件功能、性能、稳定性、安全性、配置、文档等各方面进行验证,是一次全面的质量检验。开发的软件只有符合预期,满足用户需求,才能验证通过,正式发布市场使用。

　　另外,随着网络优化产品在外场的全面推广应用,大量的配套工作需要完善,这些工作包括软件部署安装支持、服务器选型测试、服务器配置规划、新功能在实验局验证的支持、售前交流应答、外场故障处理等。工作繁杂,涉及面广,急需组建一个专门的团队来支撑这些工作。这个团队位于外部部门和本部门研发之间的位置,向上直接对接外部部门,对内对接研发人员,起到外部和内部联系的桥梁纽带作用。另外,可以大大减少研发受到外部因素的干扰,起到一个防火墙的作用。

　　交付与支持团队的位置和作用如图 2.10.1 所示。

　　在以上背景下,商用验收测试团队应运而生。这个团队由验收测试和商用测试两部分组成。之所以将这两部分组成一个团队,主要是因为这两个团队所做的工作都属于市场商用之前的环节,与市场紧密相连,并且这两个团队的工作是相辅相成的。验收测试为商用支持提供高质量的版本,减少商用支持环节的外部故障解决的支持工作量;而商用支持反过来将现场的应用场景和测试步骤等信息反馈给验收测试团队,丰富验收测试的思路和方法。所以,这两个团队的结合是非常科学合理的。

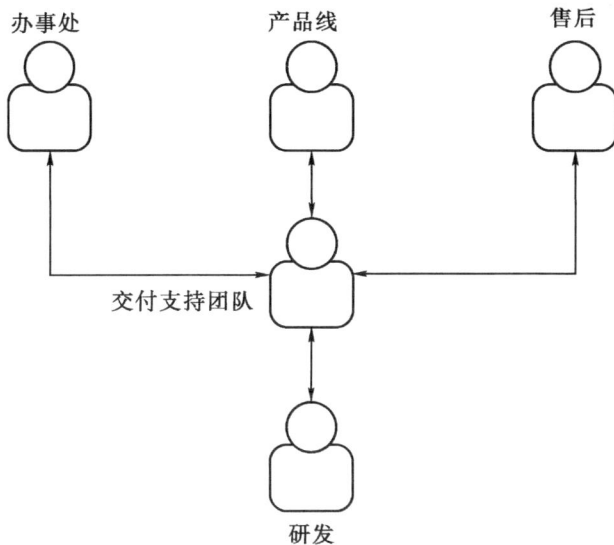

图 2.10.1　交付与支持团队的位置和作用

2.10.2　交付与支持团队工作内容和流程

接下来分别介绍验收测试和商用支持这两部分的分工、工作内容和流程。

1. 验收测试

网络优化产品级敏捷实践中,对验收测试的定位非常清晰,位于 RC 发布阶段,时长一周。也就是说,过了这一周的验收测试,版本就要正式对外使用了。

网络优化产品级敏捷验收测试前,验收测试人员会制定详细的测试方案,包括测试目标、接入标准、测试活动、完成标准,保证软件配置齐全、功能完善、分类有序,软件维护所必须的细节。

根据"一杆进洞"规范,验收测试结束后,会对版本研发进行复盘。对于成功版本经验可以进行复制使用;失败的经验被分析总结,可以持续促进改进。相应地,对版本团队也有奖惩措施。通过验收测试的版本就可以完整地交付外场使用。

2.商用支持

(1)软件安装部署:出差现场进行软件安装部署配置和技能转移;配合和指导售后部门同事进行软件安装部署和配置。保证软件能够正常运行。

(2)服务器选型测试:针对新中标的服务器安装软件进行测试,测试服务器的性能、稳定性等指标是否符合要求;与在用的服务器对比性价比如何。

(3)服务器配置规划:针对每个外场的规模,估算出需要配置的服务器个数、磁盘数等硬件信息;根据现场提供的硬件和网络数据输出拓扑图。

(4)实验局测试支持:针对新开发的功能或者创新功能,在推出商用之前开实验局进行功能正确性和实际应用效果的验证。

(5)售前交流应答:配合售前同事针对新市场招标就 Feature list、软硬件配置等进行技术应答。

3.外场故障持续跟踪处理

针对外场反馈的问题进行跟踪处理。收到外场反馈的问题后首先进行筛选过滤,确认是软件故障还是非软件故障。对于非软件故障,给出解决办法。对于软件故障,提交 SWF 系统进行跟踪,并转交研发进行处理。根据问题的过程及时更新问题的状态,直到问题外场验证通过后方可关闭,形成故障处理闭环。

外场故障跟踪对提升产品的交付质量有极大帮助。当用户在使用产品过程中发现各种问题,包括使用方法、功能理解和软件故障时,如果能及时反馈给研发团队,并得到响应,无疑会极大提升用户体验,并协助团队改进软件版本质量。

但在通常情况下,软件的外部使用人员和研发人员都在不同的体系,使用不同的软件故障单管理系统,收集、跟踪、统计外场问题就变得很困难。当问题的处理有延迟或沟通不畅时,还容易造成外部投诉。针对外部故障跟踪管理困难问题,网络优化产品级敏捷团队在自己的敏捷管理系统 SWF 中,专门开辟了外部故障管理模块,用来跟踪外部用户提交的问题。由于该系统基于 web 页面,操作简单方便,用户只要在 web 页面上输入固定的地址,选择自己所使用的版本号,就可以把使用中的问题直接提交给版本研发团队,且 SWF 系统会自动邮件通知版本团队,而版本团队对问题的每一步处理,也会邮件自动告知用户,极大地便利了用户和项目团队双方的沟通,提高了外部故障处理效率。SWF 外部故障处理系统自 2015 年投入使用以来,网络优化产品的外部用户使用者不断增多,搭建起交付改进的桥梁。通过持续优化,SWF 外部故障处理系统已经积累周期内网络优化项目所有软件产品的外部应用问题,并进行跟踪分析,信息实现自动化推送。通过 SWF 处理外场问题的具体过程如图 2.10.2 所示。

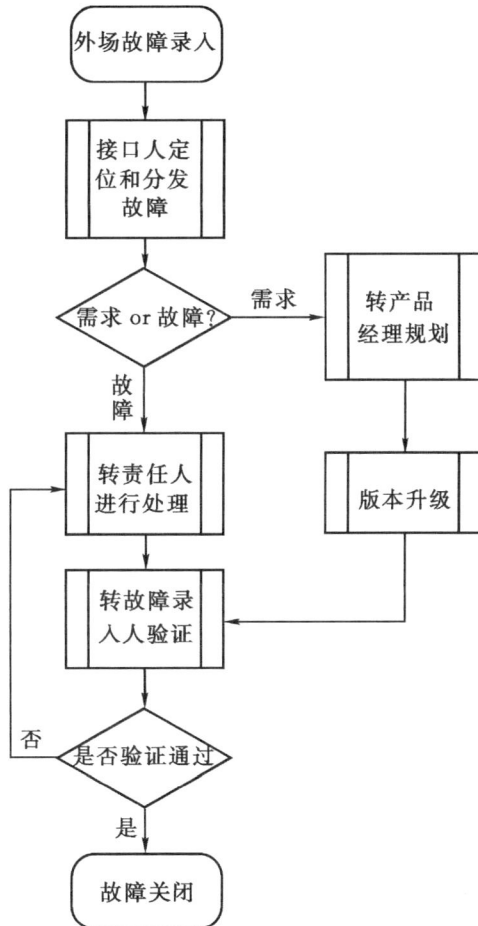

图 2.10.2　SWF 系统处理外场故障流程图

　　(1)外场故障录入。外场故障一般由各办事处软件使用人提出并录入,也可以由售后支持人员和本部门交付支持人员代替录入。故障录入后,SWF 系统会自动发送邮件给故障录入人,并抄送给相关干系人,具体邮件截图如图

2.10.3所示。

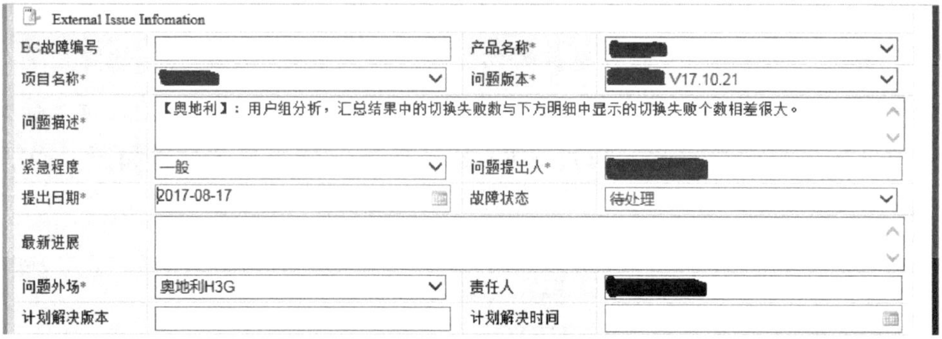

图 2.10.3　SWF 故障录入

　　(2)交付支持团队故障接口人收到邮件后会立即进行处理,与故障录入人进行故障沟通并初步对故障进行定位分析。如果已经有对应的解决方案,会直接将解决方案发给故障接口人进行处理。如果定位需要研发排查解决,就会将故障转给相关研发人员,并更新责任人为指定的研发人员。SWF 系统会将邮件发送到指定的研发人员进行处理,具体邮件截图如图 2.10.4 所示。

图 2.10.4　SWF 发邮件给责任人进行故障处理

　　(3)故障处理人收到邮件后会及时处理故障并给出解决方案,并由交付支持故障接口人发给故障录入人进行验证,同时在 SWF 更新故障状态为"待验证",具体邮件截图如图 2.10.5 所示。

　　(4)故障录入人收到邮件和解决方案后,就会对故障进行验证。如果验证不通过,会更新状态到"处理中",继续由故障处理人进行处理;如果验证通过,会更新状态到"已关闭",故障处理完毕,具体邮件截图如图 2.10.6 所示。

温馨提示：本邮件由CAP系统自动发送，请不要回复本邮件。
▆▆▆▆▆ 对重点任务 CAP201708170001 进行了状态变更处理，详见邮件内文!

任务编号：
问题描述：　【奥地利】：用户组分析，汇总结果中的切换失败数与下方明细中显示的切换失败个数相差很大。
问题版本：　▆▆▆▆ V17.10.10 for Austria
提出时间：　2017-08-17
紧急程度：　一般
最新进展：
问题外场：　奥地利H3G
备注：
责任人：　▆▆▆▆▆▆▆
变更信息：　由 处理中 状态迁移到 待验证

图 2.10.5　故障处理人更新状态到待验证

温馨提示：本邮件由CAP系统自动发送，请不要回复本邮件。
▆▆▆▆▆ 对重点任务 CAP201708170001 进行了状态变更处理，详见邮件内文!

任务编号：
问题描述：　【奥地利】：用户组分析，汇总结果中的切换失败数与下方明细中显示的切换失败个数相差很大。
问题版本：　▆▆▆▆ V17.10.10 for Austria
提出时间：　2017-08-17
紧急程度：　一般
最新进展：　已经给现场打补丁做了改进，并且将无法完全对齐的原因告知局方，局方收到邮件后没有提出异议，先关闭了。
问题外场：　奥地利H3G
备注：
责任人：　▆▆▆▆▆
变更信息：　由 待验证 状态迁移到 已关闭

图 2.10.6　故障录入人验证并关闭故障邮件

　　相对于公司级的故障跟踪系统，SWF 具有小、快、灵的优点，并且相关干系人和故障处理流程快捷明晰，大大提高了外场处理问题的效率，如图 2.10.7所示。

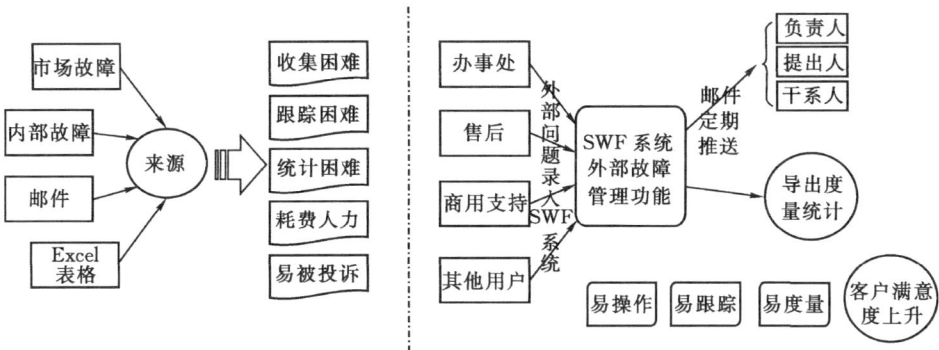

图 2.10.7　SWF 故障管理的优点及相关干系人图示

另外,通过外部故障跟踪系统可以对已录入的故障进行统计分析,更快地了解版本使用情况,改进版本质量问题,提升版本交付水平,已经成为网络优化产品交付的一个制胜法宝。

故障分类分析寻找故障引入点,并根据具体的点采取直接有效的改进措施。网络优化产品的外部问题分析和改进。

如图 2.10.8 所示为几个月外部故障处理数量统计情况。

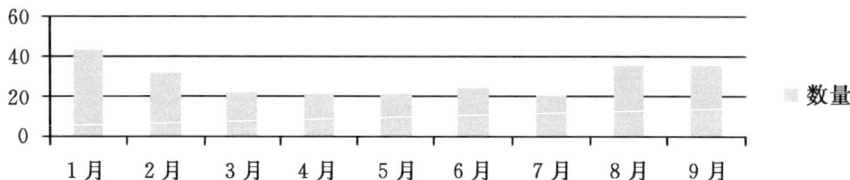

图 2.10.8　外部故障的数量

如图 2.10.9 所示为一定周期内外部故障处理分类统计情况。

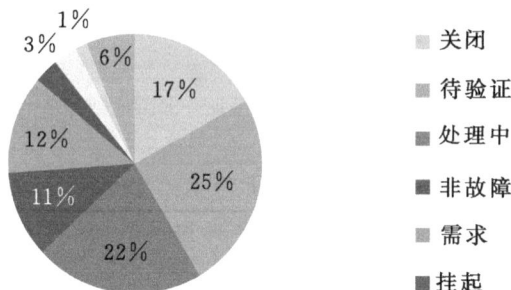

图 2.10.9　外部故障跟踪系统的问题状态

如图 2.10.10 所示为一定周期内外部故障发生地分类统计情况。

如图 2.10.11 所示为一定周期内外部故障发生原因分析统计情况。

在外部故障复盘分析过程中,通过对外部故障不同分类统计,项目研发团队采取合理有效的措施积极解决外部问题并减少和避免更多故障向外部泄露。

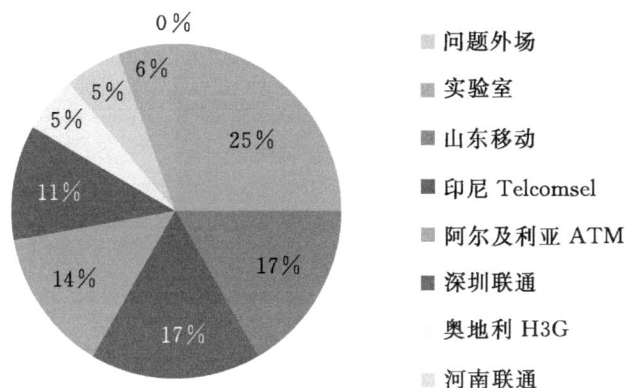

图 2.10.10　外部故障跟踪系统的问题外扬

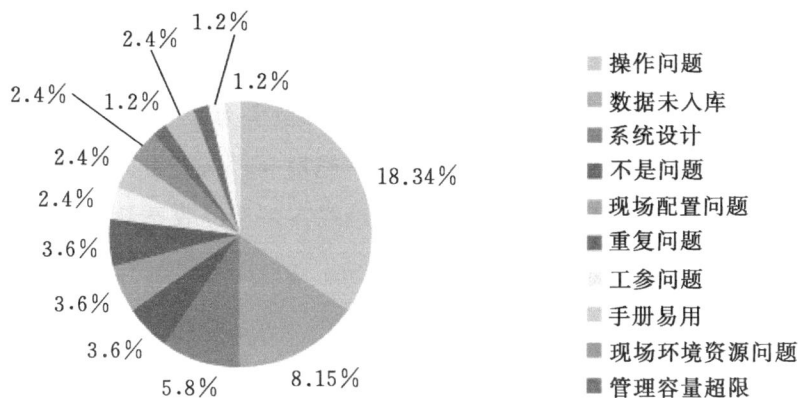

图 2.10.11　故障分类分析

第 11 章

项目成本管理

产品研发活动的最终目标是将产品投放市场并盈利。敏捷项目管理就是运用各种知识、技能、方法和工具，为满足或超越项目有关各方对项目的要求与期望而开展的各种管理活动。敏捷项目管理的运作方式是最大限度地利用内外资源，注重成效、团队精神、柔性，以及跨组织间的配合，从而大大提高资源的有效配置，降低成本，保证质量，增强产品市场的竞争力。

产品研发过程中成本管理涉及整个产品规划、研发、应用、营销各个阶段和环节，资源优化配置可促进成本控制管理，最终实现产品收益最大化。

2.11.1　成本控制管理

1. 产品规划管理

产品概念初期需要产品规划团队将市场用户需求沟通明确，评估各个需求价值，排出各个需求实现优先级和工作量，制订需求交付的时间节点以及需求交付验证的标准。

需求价值评估对整个产品研发运维成本控制至关重要，需求的真实价值直接影响产品交付市场应用带来的收益。如果某个需求被综合评估后认为其价值不高，或者价值评估不清晰无法判断是否会产生价值，那么该需求不能列入开发计划，否则后期投入越多就浪费越大，所有投入成本会付诸东流。

在需求开发实现之前，需求优先级、需求实现评估工作量、需求实现交付时间节点以及需求交付验收标准与产品研发团队充分沟通并达成一致，而且将产品版本交付规划形成基线，减少需求不明确的情况出现，避免在开发团队实现需求过程中进行需求变更。确保需求优先级、需求实现评估工作量、需求实现交付时间节点以及需求交付验收标准是准确合理的,否则后面需求实现过程中与具体情况偏差较大,过程中的产品规划变更,会给研发造成不同程度的返工和浪费。

2. 敏捷开发时间管理

敏捷项目时间管理涉及 Scrum 团队的开发速度来评估给定项目的时间、敏捷项目协作规范和前后衔接高效沟通协作提升开发效率,以达到降低项目周期时间的目的。项目开发由人来执行,要完成必要的用户需求开发任务,必须要配备必要的人力,那么人力需要支付成本费用的,项目开发时间周期越长,其投入人力成本越高。

在项目管理术语中,时间指的是确保需求开发及时完成的一系列必须的过程周期。

为配合理解敏捷项目的时间管理,先回顾以下几个敏捷原则:

(1)我们最重要的目的,是通过持续不断地及早交付有价值的软件使客户满意。

(2)欣然面对需求变化,即使在开发后期也一样。为了客户的竞争优势,敏捷过程掌控变化。

(3)经常交付可工作的软件,每次交付相隔几星期或一两个月,倾向于采取较短的周期。

(4)敏捷过程倡导可持续。责任人、开发人员和用户要能够共同维持其步调稳定延续。

在固定的进度和固定价格的项目中采用敏捷管理方法,风险更低,因为敏捷开发团队在时间成本限制范围内始终交付高优先级的功能。敏捷时间管理的一大好处就是敏捷项目团队可以比传统项目团队更早地交付产品。比如,受益于更早的开发工作并在迭代中完成功能,敏捷项目团队常常能够将产品的发布时间提前 30%～40%,在诸多实际公司项目中得到佐证。

在时间管理方法上,敏捷开发时间管理与传统项目时间管理有较大不同。具体对比见表 2.11.1。

表 2.11.1　敏捷项目时间管理与传统项目时间管理对比

序号	传统开发时间管理	敏捷开发时间管理
1	项目负责人根据项目初期收集的需求确定项目时间	在项目进行过程中,Scrum 团队反复评估在给定时间框架内他们能够完成的工作
2	在需求收集、设计、开发、测试和部署等多个阶段,团队同时处理所有的项目需求,并且对关键需求和可选需求同等对待	Scrum 团队以多轮迭代的方式开展工作,优先完成高优先级、高价值的需求
3	团队在项目中后期,即需求收集和设计阶段完成后,才开始实际项目开发	Scrum 团队显然在第一个迭代就开始了产品开发工作
4	传统项目的时间更容易变化	在敏捷项目中,迭代是在时间盒内完成的,具有固定的迭代周期
5	项目启动阶段,项目负责人在对产品知之甚少的情况下就对项目进度进行预测	Scrum 团队基于迭代的实际开发绩效来决定长期的进度计划。在项目过程中,随着 Scrum 团队对产品和开发团队的开发速度或速率的了解逐步加深,他们会调整时间的估算

3. 自动化管理工具使用

提升产品研发效率需要实用的电子自动化支撑工具,研发效率提升的同时伴随着研发成本的降低。例如自动化构建交给 CI 环境去自动化执行,开发人员只需要将开发完成的代码和成果物提交到 CI 系统,CI 系统将自动执行编译构建和自动化测试,检验交付成果物是否满足预计的交付要求。

整个研发交付过程中用到很多提高研发效率的工具,如需求管理系统,将需求录入到电子系统中跟踪管理起来,避免需求信息传递过程失真,减少上下游沟通工作量。源代码使用代码版本管理工具,开发人员遵从代码合入规范,确保代码有序归档不相互产生负面影响。代码走查能够记录到电子系统中跟踪,发现缺陷故障也录入电子系统跟踪,用规范流程保证各项工作协作顺畅有序进行。

4. 智能化工具使用

智能化工具在研发过程中使用,能够更进一步提升研发交付效率。例如引入研发过程数据自动化订制分析,总结评估分析结果并推送给干系人,方便跟踪管理。

产品研发引入智能化开发工具系统,通用功能模块订制开发,采用功能配置或者操作界面"拖拽"即可实现功能模块开发。原来需要程序员半个月开发周期才能实现的功能,借助智能化功能开发系统,在短短几个小时就可以完成新功能配置开发。

2.11.2 项目资源配置

项目资源通常情况包括人力资源和设备资源,项目实施过程中人力资源消耗和设备资源消耗与项目成本直接挂钩,人力资源效率提升和设备资源有效合理利用是项目顺利执行的要素条件,人力资源不足和设备资源不足都会给项目进行带来负面影响。当然,人力资源和设备资源不能充分合理地利用,就是对资源的浪费或者增加了不必要的项目成本。

1. 资源管理的特点

资源管理通常包含人力资源管理和设备资源管理以及其他与项目相关有利于项目顺利开展的其他资源管理。人力资源和设备资源均与项目成本密切相关,人力资源和设备资源的有效利用直接关系到项目运作成本。其他资源如上级、客户、用户、协作单位等都可以视作其他范畴的项目资源,对其充分利用也十分有利于项目产品顺利进行。

2. 人力资源管理

项目人力资源管理,就是要在对项目目标、规划、任务、进展以及各种变量进行合理、有序地分析、规划和统筹的基础上,对项目过程中的所有人员,包括项目经理、项目班子其他成员、项目发起方、投资方、项目业主以及项目客户等予以有效的协调、控制和管理,使他们能够与项目班子紧密配合,尽可能地适合项目发展的需要,最大可能地挖掘人才潜力,最终实现项目目标。

3. 设备资源管理

项目运作过程中,需要用于工作的电脑、服务器、设备仪器、日常办公用品等称为设备资源。设备资源数量、是否及时到位、设备质量性能对项目运作有直接影响。有计划、有效地利用项目设备资源,有利于项目正常运作,降低项目运作成本。

　　4.其他资源管理

　　除了人力资源和设备资源是项目资源中最重要的两个组成部分之外,影响项目进度和成败的因素还有单位上级、内外部客户、内外部用户、项目协作单位等等。管理好和利用好这些与项目干系相关的资源,有利于项目正常运作,降低项目运作成本,甚至有可能决定项目运作的成败。

2.11.3　资源管理方法

　　合理的资源管理可以有效地推进项目进程,那么资源的管理可以从哪几方面着手呢?

　　1.分类别进行资源管理

　　在资源管理活动中,按照区域、部门、项目及活动对资源进行分门别类,不同部门、项目的资源情况一目了然,方便资源的查找、申请和分配,而且可以跟踪所有资源的使用情况。管理者通过对比参照资源管理情况,可以快速地做出资源调整或未来资源分配计划。

　　2.实时记录资源使用情况

　　实时跟进资源的计划分配、实际分配和实际使用情况,对资源的计划使用情况与实际使用记录进行比较分析,检测过度分配与不合适的资源,项目执行者可以对不合理分配的资源进行重新调配,避免资源浪费。

　　3.对资源进行费用预算和实时费用记录

　　在项目管理中,成本及预算是无法绕过的一个坎,如果执行人员没有成本意识或者成本意识不强而疏于管理,在项目执行中很可能一不小心就超出预算,导致后期工程断粮,直接拖慢项目进度。在项目的预算中很大一部分是资源的费用,因此,通过对项目中需要的资源进行费用预算和实时费用记录,管理者和执行人员都能够清楚地了解到预算消耗情况,进而减少不合理资源的使用,避免项目出现成本漏洞。

　　以上是进行资源管理的几个切入点。企业进行资源管理,使用项目管理软件是较简单、便捷的一种方式,如今市场上也有部分项目管理软件具备以上资源管理功能,使用户能够以最简单的操作实现复杂的项目资源管理。

第 12 章

贯穿始终的度量

2.12.1　度量的目标与原则

度量关心哪些方面？在我们的产品开发过程中，度量贯穿了始终，为持续的改进提供了客观的数据。

图 2.12.1 描述了度量系统与度量维度的结构。

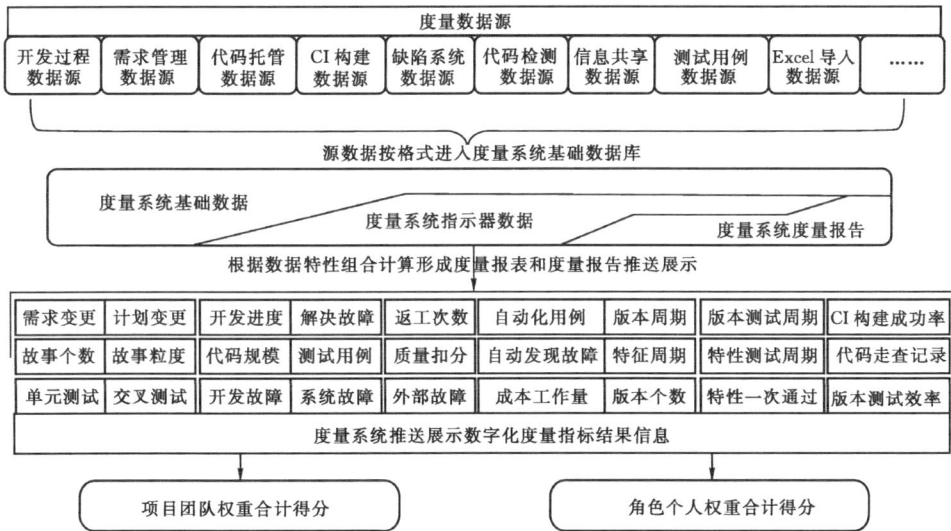

度量数据源									
开发过程数据源	需求管理数据源	代码托管数据源	CI构建数据源	缺陷系统数据源	代码检测数据源	信息共享数据源	测试用例数据源	Excel导入数据源	……

源数据按格式进入度量系统基础数据库

度量系统基础数据	度量系统指示器数据	度量系统度量报告

根据数据特性组合计算形成度量报表和度量报告推送展示

需求变更	计划变更	开发进度	解决故障	返工次数	自动化用例	版本周期	版本测试周期	CI构建成功率
故事个数	故事粒度	代码规模	测试用例	质量扣分	自动发现故障	特征周期	特性测试周期	代码走查记录
单元测试	交叉测试	开发故障	系统故障	外部故障	成本工作量	版本个数	特性一次通过	版本测试效率

度量系统推送展示数字化度量指标结果信息

项目团队权重合计得分	角色个人权重合计得分

图 2.12.1　度量实施结构

2.12.1.1　度量的目的

收集和使用度量的目的应该有很多，我们着重关注以下几点：

（1）帮助团队成员跟踪和理解发生了什么。在缺少度量的活动中，人们仍然会为持续的改进提出自己这样或者那样的观点，但多数都是主观的，难免带有个人的偏见或者因为特殊经历带来的观点。在观察中，人们受到自己所处环境的影响，以及个人习惯方式的影响，容易错误识别，或者错过某些事情。

（2）度量，相当于过去发生事情的详细档案，即保留了历史数据，也能从历史数据中推论即将发生的事情。拥有这些数据，我们可以全面回顾过去的事情，平衡我们的选择性记忆。

（3）度量帮助大家沟通，统一的术语带来了清晰明了的解释。对每一个具体指标，我们将会有严格的定义，通过这个定义来进行测量。在没有定义之前，我们只能含糊地谈论某件事情做得好或者坏，这表现出来就是不可控，不可管理，也不可量化。当这些指标被明确定义出来后，我们就可以对需要改进的目标有了明确的理解，它变得可测量、监控、管理和改进。

（4）度量帮助确认目标是否达成。度量将人们的目光聚焦到真正需要改进的地方。它给出了我们的预期和实际的比较，使我们知道自己目前所处的水平，改进的方向，是否已经达到目标。

2.12.1.2 度量的原则

在进行度量的工作中，我们依据以下的原则来进行度量，有部分度量指标可能还达不到下述要求，但不妨碍我们以此作为原则，并在将来的工作中改进。

（1）非侵入式：保证不影响现有的工作次序，不增加各个角色自身的工作量。在自然的工作流程中自然地积累，自然地获得数据。

（2）自动化：将繁琐的数据分析工作，让机器来完成。

（3）持续改进：如同度量是为了让团队不断地持续改进，度量本身也需要持续改进。当前的度量是否还适用，需要删除或者修正？当前的工作中是否还有哪些方面缺少度量，需要填补？

（4）度量不是考核：如果你打算全方面度量，就需要接受度量不是考核这个观点。将目光聚焦在改进、提高上；将目光聚焦于团队的使命上。度量测量某个特定领域或者个体的能力与贡献，成功的产品、成功的团队由不同个体组成，这些个体之间存在巨大的差异，不要让度量成为成员间的隔阂。重新回到度量的目的上,度量为我们阐述发生了什么,帮助我们更好的沟通,帮助我们聚焦到目标的达成上,并为了目标的达成,不断提高和发展个人与团队的能力。

2.12.1.3　研发各个阶段的数字化度量

对照产品研发交付应用的各阶段数据:规划、需求分析、迭代开发、测试、交付发布、外部应用,结合质量、学习提升、工作纪律、工时出差,制定度量指标,对敏捷研发全过程进行度量。

1.需求变化控制(见图 2.12.2)

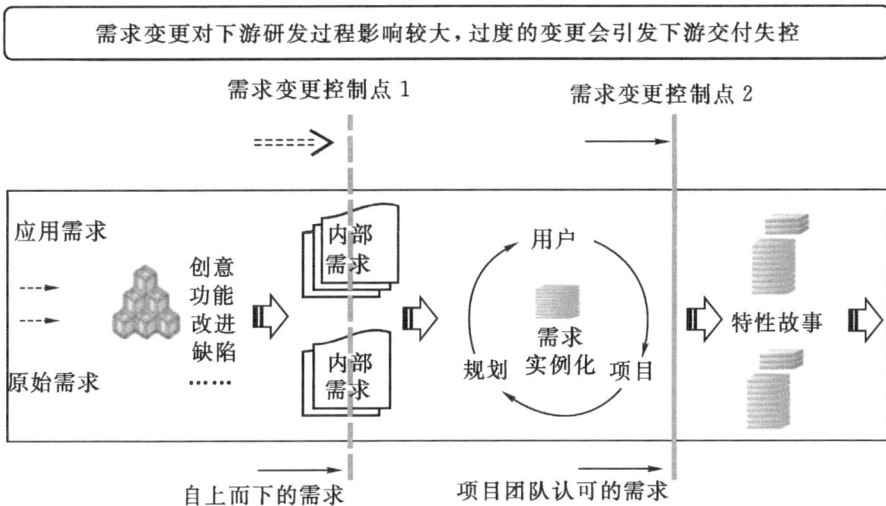

图 2.12.2　需求变更度量控制点

(1)需求变更主体责任者是规划团队。

(2)项目开发团队感受和评估需求变化。

(3)10％以内变更可以拥抱,20％变更比较痛苦,30％容易失控。

(4)版本交付周期缩短能够更灵活地拥抱需求变化。

(5)坚持一个迭代周期内需求不变更。

(6)需求变化数据通过基线化后变更需求记录自动度量统计。

(7)通过需求个数或者需求评估工作量维度度量。

2. 计划管理(见图 2.12.3)

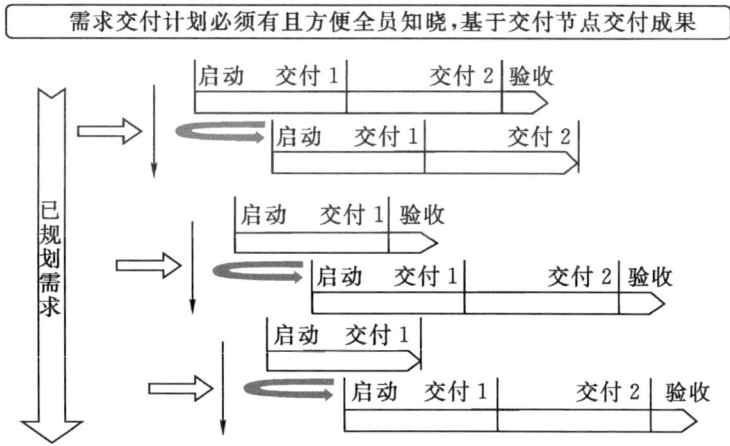

图 2.12.3　计划管理度量

(1)虽然是敏捷拥抱变化,但计划也必须得有。

(2)计划根据尚有规划里程碑和评估的需求来合理制订。

(3)坚持已经实施的迭代周期计划不变更。

(4)版本交付周期缩短能够更灵活地拥抱计划变化。

(5)一个 Release 有时会延期,但延期超过一周影响较大。

(6)Release 版本计划变更数据通过计划变更记录自动度量统计。

3. 特性规范性(见图 20.12.4)

图 2.12.4　特性格式示例

(1)特性是 BA 输出成果物,特性质量由 BA 负责。

(2)特性设计质量影响开发实现。

(3)特性具有可演示特点,需要有演示步骤说明。

(4)特性有完成检验标准,需要有验收标准说明。

(5)特性评估工作量大小直接影响特性交付周期。

(6)特性预估点数作为 BA 输出故事的一个度量指标可自动获取。

4.故事规范性(见图 2.12.5)

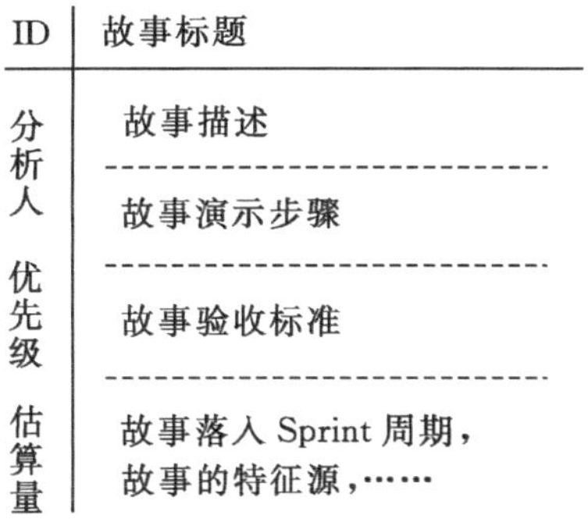

图 2.12.5　故事格式示例

(1)故事是 BA 输出成果物,故事质量由 BA 负责。

(2)故事设计质量影响开发实现。

(3)故事具有可演示特点,需要有演示步骤说明。

(4)故事有完成检验标准,需要有验收标准说明。

(5)故事分解粒度大小直接影响特性交付周期。

(6)故事预估点数作为 BA 输出故事的一个度量指标可自动获取。

5.代码维度度量指标(见图 2.12.6)

(1)代码规模体现版本体量。

(2)代码走查发现缺陷,体现缺陷发现人和缺陷泄露人的工作质量。

(3)静态检查结果体现版本代码质量。

(4)代码提交保证每日 CI 构建成功率。

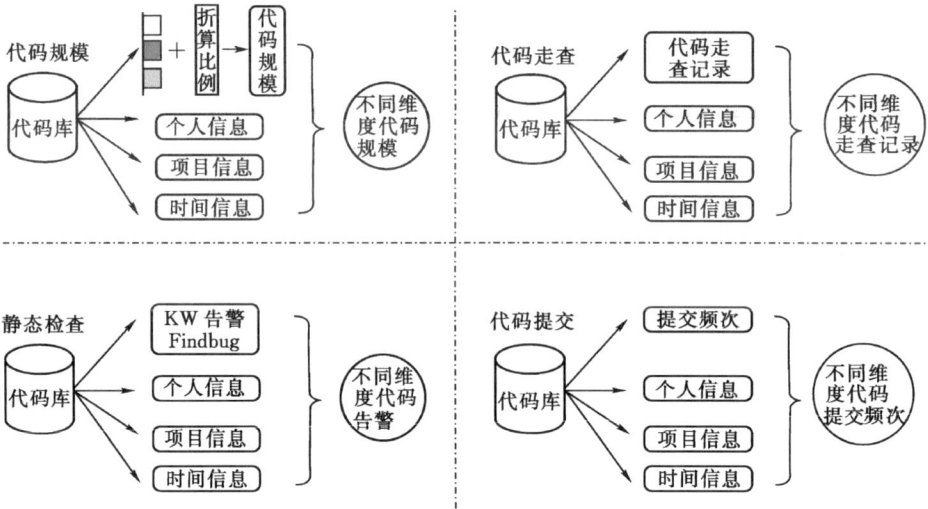

图 2.12.6　代码维度度量

6.故障维度度量指标(见图 2.12.7)

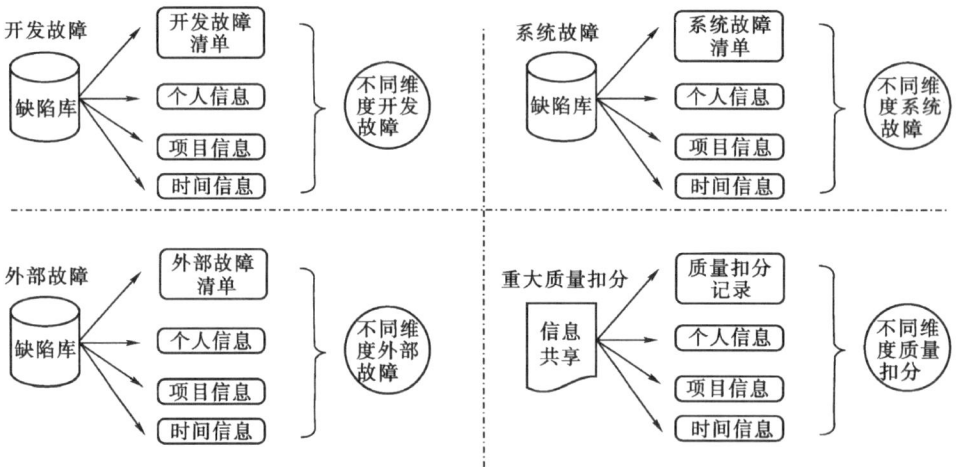

＊ 故障返工次数统计通过 EC 可以自动收集　＊ 故障解决周期度量促进故障解决效率

图 2.12.7　故障维度度量

(1)开发故障由敏捷开发团队发现,SM、开发人员和 CQA 输出。

(2)系统故障由验收测试团队发现,BQA 输出。

(3)外部故障由外场用户使用发现,是 BQA 泄露。

(4)开发、系统和外场故障修改处理由开发人员负责。

(5)故障提交数量体现版本质量和 QA 人员工作质量。

(6)故障解决周期体现团队效率。

7. 自动化测试维度度量指标(见图 2.12.8)

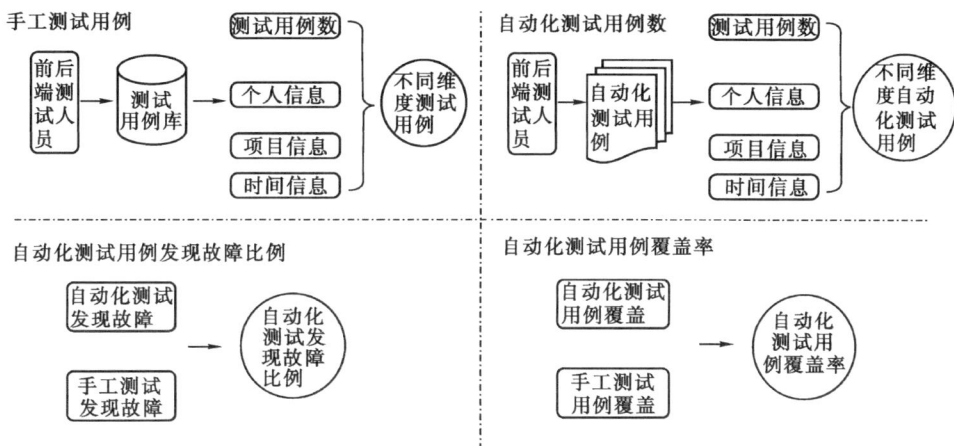

图 2.12.8　自动化测试维度度量

(1)手工测试用例由 CQA 和 BQA 输出,体现 QA 工作质量。

(2)自动化测试用例由 CQA 输出,体现 CQA 自动化测试设计能力。

(3)自动化测试用例发现故障由 CQA 输出,体现自动化测试在项目中发挥的作用。

(4)自动化测试覆盖率体现项目自动化测试水平。

8. 版本特性测试周期及故事粒度维度度量指标

1)版本测试周期(见图 2.12.9)

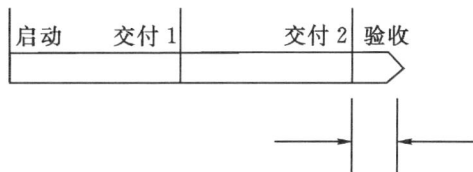

图 2.12.9　版本测试周期计算

(1)版本测试周期控制在几天以内。

(2)版本测试周期缩短依赖自动化测试成熟度。

2)特性测试周期(见图 2.12.10)

（1）特性开发完成特性测试立即开始。

（2）特性测试周期影响特性交付周期和决定特性一次通过率。

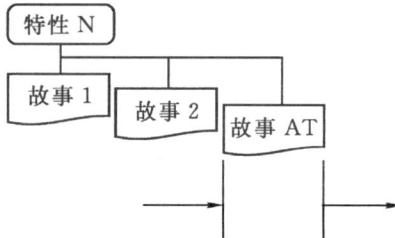

图 2.12.10　特性测试周期计算

3）故事测试周期（见图 2.12.11）

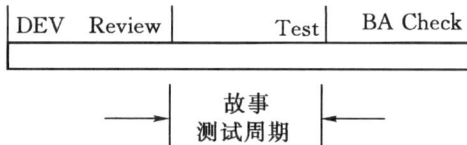

图 2.12.11　故事测试周期计算

（1）故事 Review 完成，故事测试立即执行。

（2）故事测试周期影响故事粒度，测试结果直接反应故事开发质量。

4）故事粒度

（1）实际故事粒度包含故事开发、故事走查、故事测试、故事闭环检查消耗的工作量。

（2）故事粒度影响特性交付周期。

（3）故事粒度度量识别最大故事粒度和平均故事粒度。

（4）故事开发效率通过预估故事开发工作量和实际开发故事工作量来度量。

9.持续构建

1）构建次数

（1）CI 构建自动化是基本要求，构建流水线贯通和正常运行确保每日及时检测开发团队提交代码基本完整，及时发现构建问题并快速修正。

（2）每日构建使合入代码库的代码能得到以天为周期性的检测，确保有可用的版本获取到。

(3)通过度量系统自动获取项目 CI 构建信息。

2)构建成功率和构建效率

(1)通过构建成功率度量 CI 构建运行健康性。

(2)构建周期变化度量构建效率,促进其提升。

(3)通过度量系统自动获取项目 CI 构建信息。

10.敏捷过程

1)版本启动会议

(1)版本启动会议很重要:向成员明确下一阶段工作目标、人力配置以及风险等。

(2)启动会议代表一种仪式,标志着版本迭代开发冲刺开始。

(3)通过 Wiki 页面记录启动会议内容,启动会议信息自动收集到度量系统。

2)功能演示

(1)当部分功能特性开发完成后,需要及时给用户演示,阶段性有用户/用户代表参与迭代开发中。

(2)一般在一个迭代完成,交付部分特性时及时给用户演示,小周期的开发成果反馈和鉴定,有利于及时纠正偏差。

(3)通过 Wiki 页面记录演示会议内容,演示会议信息自动收集到度量系统。

3)复盘会议

(1)复盘会议必须要有个人复盘总结,版本复盘改进目标。

(2)一般在一个版本完成时进行复盘会议,有利于及时纠正偏差。

2.12.1.4　其他公共维度

1.工作强度

(1)通过统计工作时间了解成员工作负荷状态,超负荷工作的同事需要沟通,及时做些调整。

(2)通过表格系统转换得出差异值,将工作强度信息自动收集到度量系统。

2.出差比例

(1)出差较多的同事一般比较辛苦,体现差异,设定出差比例作为度量指标,认可出差同事的贡献。

（2）通过表格系统转换得出差异值,将出差信息自动收集到度量系统。

3.培训次数

（1）培训可以将技能经验向团队传递,提升团队整体技能水平。

（2）通过信息分享系统页面由讲师记录提供培训信息,培训信息自动收集到度量系统。

4.专利和案例分享

（1）专利输出是对公司知识产权方面的贡献,有价值的案例输出积累有利于整体能力提升。

（2）通过信息分享系统页面由专利和案例输出人记录提供输出专利和案例信息,专利和案例信息自动收集到度量系统。

2.12.1.5　数字化度量分类计分汇总方法举例说明

1.个人维度

个人维度得分项包括需求分解粒度、提交代码规模、提交故障、故障修改、外场支持、加班出差、个人总结提升、外场表扬等;扣分项包括工时填报是否及时、质量扣分。针对不同角色,每个指标有不同的权重。

不同角色个人指标信息推送如图 2.12.12 所示,个人度量指标信息展示如图 2.12.13 所示。

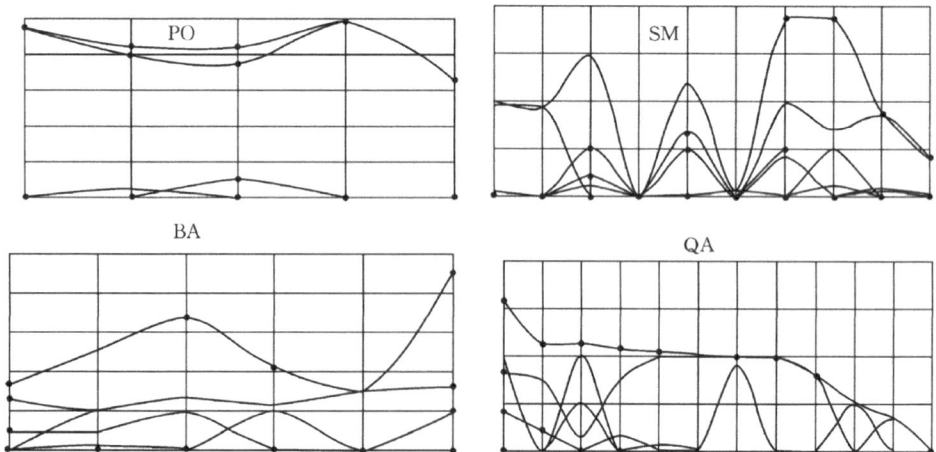

图 2.12.12　不同角色个人指标信息推送

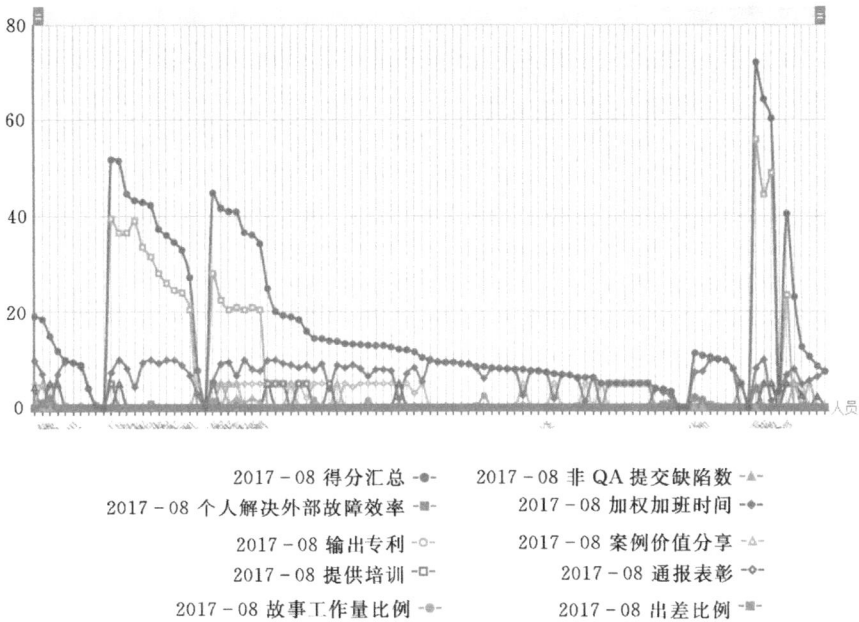

2017 - 08 得分汇总 -●-   2017 - 08 非 QA 提交缺陷数 -▲-
2017 - 08 个人解决外部故障效率 -■-   2017 - 08 加权加班时间 -◆-
2017 - 08 输出专利 -○-   2017 - 08 案例价值分享 -△-
2017 - 08 提供培训 -□-   2017 - 08 通报表彰 -◇-
2017 - 08 故事工作量比例 -●-   2017 - 08 出差比例 -■-

图 2.12.13   个人度量指标信息展示

2. 团队维度

团队维度得分项目包括计划、代码、质量、周期等；扣分项包括返工浪费和
质量扣分。每个指标有不同的权重。

团降维度度量指标信息展示如图 2.12.14 所示。

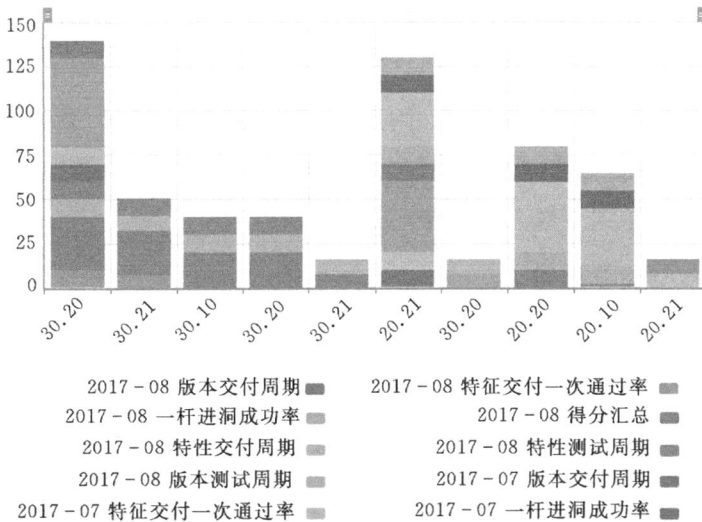

2017 - 08 版本交付周期 ■   2017 - 08 特征交付一次通过率 ■
2017 - 08 一杆进洞成功率 ■   2017 - 08 得分汇总 ■
2017 - 08 特性交付周期 ■   2017 - 08 特性测试周期 ■
2017 - 08 版本测试周期 ■   2017 - 07 版本交付周期 ■
2017 - 07 特征交付一次通过率 ■   2017 - 07 一杆进洞成功率 ■

图 2.12.14   团队维度度量指标信息展示

3.项目维度

项目维度得分项目包括计划、代码、质量、周期等;扣分项包括返工浪费和质量扣分。每个指标有不同的权重。

项目维度度量指标信息展示如图 2.12.15 所示。

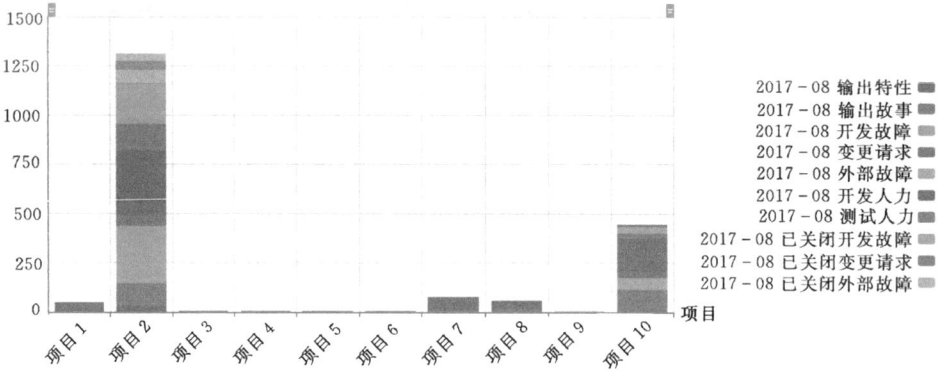

图 2.12.15　项目维度度量指标信息展示

2.12.2　度量综合应用

2.12.2.1　多层级结构运用

有了度量云产生的大数据,如何更有效地使用这些数据,我们也构建了一个多层级的结构,相互依托,持续演进。

1.数据层

上面章节已经陈述了,依托各个维度的数字度量,已经产生了基础度量数据。周期性、事件型报告:能够每日、每周、每月、每事件及时报告,通过邮件推送的方式自动发送到干系人邮箱中(见表 2.12.1)。

2.关键过程能力基线

随着各个岗位活动的开展,根据历史数据制定了关键过程能力基线(见表 2.12.2),在日常工作中自动评估,责任人根据偏差值预估结果,及时给出改进。在不断的总结过程中,增加或者删除指标,修订基线。

表 2.12.1　过程度量

类型	频度	报告名称
周期性	日	网络优化项目团队自动化测试信息
	周	各项目信息(进度,当前 Sprint 需求及完成情况)
	周	产品研发状态报告(各里程碑进度)
	周	原始需求进度报告
	周	项目外场重点任务信息周报
	周	各版本文档进度
	周	个人 SWF 周工作量统计报告
	周	各科室上周工作总结与本周工作计划报告
事件型	状态变迁	外场问题状态变迁(最新进展通告)
	状态变迁	个人相关用户故事卡状态变迁

表 2.12.2　关键过程能力基线

指标	基线
每日构建成功率	90%
用户故事完成率	100%
版本交付周期	1 个月
"一杆进洞"版本数(半年)	6 个
外部故障泄露率	6%
外部故障及时解决率	100%
平均故事粒度	5.5 天
代码走查率	100%

3.红线与预警

在整个研发过程中,会设置预警提醒责任人快速反应;也会存在红线,触犯红线会实际影响责任人的月度考核(见表 2.12.3)。当然也会存在表扬,会有匹配的奖金,金额不大,但意在激励。

表 2.12.3 红线与预警

类型	名称
预警	外场问题超期未响应
	外场问题超期未完成(状态到待验证)
	每日构建失败
	项目进度延后
	故事完成率低
红线	外部投诉
	"一杆进洞"失败
表扬	"一杆进洞"成功(版本发布后,外场试用半年)

4.性能模型

建立性能模型可以在历史数据的基础上,预测事件发展,提前预警。基线化模型指标,并与影响因子挂钩。我们正在计划构建的模型如下:

(1)特性交付周期模型:影响该指标的因子有用户故事粒度、每日构建成功率、团队平均人力、代码规模。

(2)外部故障泄露率模型:影响该指标的因子有代码平均复杂度、代码走查率、自动化测试覆盖率、团队平均成熟度、需求变更率、团队月工作量。

5.数据综合分析

数据的综合分析使得整个研发工作得到了闭环;目前在进行中的数据综合分析有:

1)内部质量综合分析

由验收组进行,特性团队协助;对外场故障、内部故障、人力分配等多项指标进行详细分析,对故障进行详细分类;对自动化测试策略和开发改进提出具体的改进点;然后与特性团队共同制定具体的改进举措。设计的重点有很多:功能性、可靠性、易用性、效率、维护性和可移植性。虽然都重要,但当前应该更在哪里发力?也可以通过数据分析得出当前要点,修炼软件内功。这个工作目前按月的频度进行。

分析案例 1

在经过人力分配数据和漏测率分析后,部门找到了第一个免检产品 A;后续计划该产品不需要经过验收测试即可发布;将更多的测试人力放到更需要的地方。也是对该产品的一种鼓励。

分析案例 2

B 产品在经过内外部故障详细分类、人力分配等指标分析后,找到当前故障比例较高的区域在于北向字段。经过讨论,主要的改进举措包括:由 BA 完善外部接口文档,要求每个版本有对应的接口文档;自动化测试全面覆盖所有字段。

2)产品价值综合分析

由产品经理、助理进行 BA 协助;对外场转需求问题、功能点使用频度、外场需求、外部满意度调查等数据进行综合分析;然后与外部用户一起讨论,找到重要价值需求,合理规划版本。这个工作目前按季度的频度进行。

分析案例 3

最近一次讨论中用户认为网络优化产品其中一个功能点"fail reason of call statistics"应该没有什么用,建议删除;根据外场该功能使用频度数据分析后发现,该功能点使用频度并不低,用数据说话得到了用户的认可。同样还有 CNO,大家规划时总觉得有了服务器版本,此软件都没有人使用了。实际从 License 申请来看,申请量仍然非常大。

分析案例 4

在年初规划 Gsm Vip 用户监控分析时,分歧比较大,大家讨论了很久,该功能是否有用。最终决定规划入版本中。经过研发,在第一个发布的版本中,通过功能点使用频度的分析,发现该功能一举成为使用频度第三的功能点。再根据外部满意度调查和在南非形成的案例来分析,确认本次规划的功能确实为高价值功能。

2.12.2.2　数据分析能力的持续提升

周期性规范动作的数据综合分析带来了几个好处:

(1)根据具体分析结果指导研发的持续改进。

(2)培养了一批具有高级数据分析的人才。

（3）在改进工作的同时也能持续对度量体系进行演进。

内部质量与产品价值的闭环使得团队能做到有的放矢，朝正确的方向发力，并能持续不断地改进。在此同时，几乎所有的角色都参与到了数据分析的过程中，能提升团队成员的数据分析能力，为后续的数据分析提供更有力的支撑。

2.12.2.3　度量体系的持续演进

上述所有的活动仍然遵循着敏捷活动的特点，在数据分析的同时进行了总结活动，推动度量体系的持续演进。在这个过程中，找到我们还能有哪些可以自动化的方面，并实现它。

演进案例 1

在分析外场故障关闭周期这个指标时，发现总是不能收敛或改善。经过具体分析，外场故障关闭周期是指实际提出问题时开始，到外场实际使用的后续版本解决了该问题时为止。而实际场景中，可能由于该问题级别不高而规划到后面的版本中；或者当前有替代方法，外场升级条件不具备等，即使有了版本也不安排升级的情况。这样一来，该指标失去跟踪意义，因此讨论后决定将该指标修订为重要故障关闭周期。

演进案例 2

以前的自动化测试覆盖率很高，但是自动化测试发现故障比例始终不能提升。经过分析，自动化测试虽然覆盖了所有代码，但并不能完全替代手工测试。使用测试用例数的方式由于两者之间方法不同，自动化测试用例数远远高于手工用例数。经过讨论，决定将自动化测试覆盖率重新定义：该项测试完全能替代原有手工测试的测试用例。这样虽然目前看该指标降了下来，但有利于后续自动化测试的开展。经过一段时间后，自动化测试发现故障比例确实有了提高。

第 13 章

项目风险控制

2.13.1 项目风险分类

伴随着软件开发技术的更新,软件功能复杂程度加大,客户对产品的要求也在不断地提高,给软件开发项目带来巨大的风险。软件开发项目的成功与否会直接影响到公司的生存。一方面人们对软件质量和用途的期望大幅度提高,对业务系统的要求也越来越挑剔;另一方面是开发成本不断缩减。数据显示,有 20％的软件项目中途被取消,还有很多项目无法达到预期目标,这些项目因风险控制不恰当就占 70％。可见,软件风险控制与管理在目前的软件开发项目中的重要性,风险管理与控制已成为软件开发项目成败的关键。

软件开发的风险大体上总结为 6 类:

1.需求风险

项目在确定需求时都面临着一些不确定性。如果在项目早期容忍了这些不确定性,并且在项目进展过程当中得不到解决,这些问题就会对项目的成功造成很大威胁。如果不控制与需求相关的风险因素,那么就很有可能产生错误的产品或者拙劣地建造预期的产品。每一种情况对产品来讲都可能是致命的。

需求风险主要有:

(1)对产品缺少清晰的认识。

(2)对产品需求缺少认同。

(3)在做需求中客户参与不够。

(4)没有优先需求。

(5)有不断变化需求。

（6）缺少有效的需求变化管理过程。

（7）对需求的变化缺少相关分析等。

2. 设计和实现风险

设计质量低下，导致重复设计。

（1）一些必要的功能无法使用现有的代码和库实现，开发人员必须使用新的库或者自行开发新的功能。

（2）代码和库质量低下，导致需要进行额外的测试，修正错误，或重新制作。

（3）过高估计了增强型工具对计划进度的节省量。

（4）分别开发的模块无法有效集成，需要重新设计或制作。

3. 相关性风险

许多风险都是因为项目的外部环境或因素的相关性产生的，若在控制外部的相关性上做得不够，会引起"蝴蝶效应"，对项目过程产生严重的后果。

相关性风险主要有：

（1）客户供应条目或信息。

（2）交互成员或交互团体依赖性。

（3）上下游协作流程性。

（4）项目平台易用性。

（5）外部技术支持，导致开发过程中断。

4. 技术风险

软件技术需求复杂性，需要匹配的技术和有经验员工，否则就会因为技能积累不足的原因影响项目的成功。识别风险，从而采取合适的预防措施是解决风险领域问题的关键。

技术风险主要有：

（1）缺乏培训，新的技术技能传递不足。

（2）对方法、工具和技术理解得不够。

（3）应用领域的经验不足，业务理解差。

5. 过程管理风险

过程管理制约了很多项目的成功，在大部分项目里，如果不正视角色职责问题,就很有可能在项目进行的某个阶段影响项目本身,需要定义项目过程角色和责任,就能处理过程风险。

过程管理风险主要有:

(1)大量的纸面工作导致进程比预期的慢。

(2)前期的质量保证行为不真实,导致后期的重复工作。

(3)过程监控不正规,缺乏对软件开发策略和标准的遵循,导致沟通不足,质量欠佳,甚至需重新开发。

(4)过程过于死板,导致过多耗时于无用的工作。

(5)过程没有迭代复盘,导致未能及时发现重大的项目风险。

(6)员工之间缺乏有效沟通。

6. 产品风险

软件产品市场瞬息万变,产品规划不当,也将导致最终的项目失败。

(1)产品规划慢,市场竞争产品出品快,早一步占领市场。

(2)产品竞争力不足。

(3)产品要求低,或者与现有系统不兼容,导致无法部署。

2.13.2　敏捷风险管理原则

风险控制原则:风险管理要趁早,不要忽视参考以前相关的项目经验,要充分考虑项目成员对风险的态度,借助相关的风险管理工具。

项目风险管理是指为了最好地达到项目的目标,识别、分配、应对项目生命周期内风险的科学与艺术。项目风险管理的目标是使潜在机会或回报最大化,使潜在风险最小化。风险管理涉及的主要过程包括风险识别、风险量化、风险应对计划制定和风险监控,如图 2.13.1 所示。风险识别在项目的开始时就要进行,并在项目执行中不断进行。就是说,在项目的整个生命周期内,风险识别是一个连续的过程。

1. 风险识别

风险识别包括确定风险的来源,风险产生的条件,描述其风险特征和确定哪些风险事件有可能影响本项目。风险识别不是一次就可以完成的事,应当在项目的自始至终定期进行。识别风险的方法常用的有现场观察法、座谈法、流程图法、财务报表法、相关部门配合法和环境分析法等。

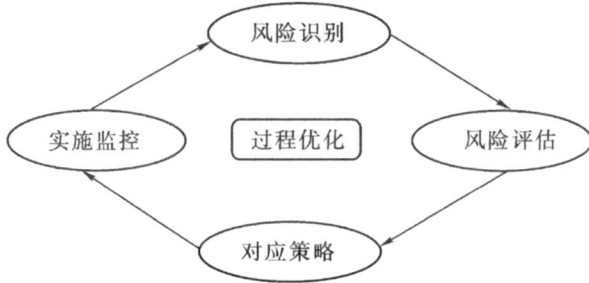

图 2.13.1　风险识别流程

2.风险评估量化

风险评估量化涉及对风险及风险的相互作用的评估,是衡量风险概率和风险对项目目标影响程度的过程。风险量化的基本内容是确定哪些事件需要制定应对措施。常用的方法有概率分布法、外推法、多目标分析法等。

3.风险应对策略制定

针对风险评估量化的结果,为降低项目风险的负面效应制定风险应对策略和技术手段。风险应对计划依据风险管理计划、风险排序、风险认知等依据,得出风险应对计划。应对策略一般有三种方法:风险控制法,即主动采取措施避免风险,消灭风险,中和风险或采用紧急方案降低风险;风险自留,当风险量不大时可以余留风险;风险转移。

4.风险实施监控

涉及整个项目管理过程中的风险进行应对。该过程的输出包括应对风险的纠正措施以及风险管理计划的更新。

2.13.3　敏捷风险控制实践

采用合理敏捷开发流程,可以做到未雨绸缪,很好地控制软件项目风险。控制软件风险的方法实践如下:

1.需求阶段

敏捷流程中项目启动前,安排 BA 和 UX 设计师对需求进行分析,输出需求原型进行需求实例化,与用户进行交付计划确认,解决需求和计划理解的一致性,最终输出产品需求原型和需求优先级。

2.启动准备阶段

需求实例化后,BA 进行工作量评估,识别出技术难点,安排技术分析评估,输出系统概要设计。针对技术难点和人员技能匮乏问题,通过培训、聘请顾问以及为项目团队组建合适的人解决。

3.研发阶段

敏捷教练 SM 根据需求优先级安排迭代周期,制定周期演示时间,和用户进行频繁沟通,并调整下个阶段计划。这样一方面可以响应市场变化,一方面可以消灭需求理解差异。

采用代码走查和结对编程的实践,能够增强团队技能积累,也可以增强产品质量。

4.研发过程工具

采用 SWF 敏捷协作管理电子系统,将风险作为任务进行状态跟踪和预警,做到风险可视化和数字量化。其中重要任务采用电子系统的任务跟踪管理功能将重要任务跟踪起来,确定责任人和协助人,确定重要任务完成日期。责任人根据进展情况更新进度信息。接近任务完成期限时每日推送邮件给责任人和相关人。每周进行例会,将重要任务跟踪汇报作为一项重要会议议题,在会上责任人汇报当前重要任务的进展情况、近期计划以及遇到的困难和风险以及应对风险所采取的措施。

重要任务跟踪管理如图 2.13.2 所示。

任务群组	项目/分类	时间	标题/描述/完成标准	责任人	协助人	状态	完成情况
▆▆项目例会	项目公共	2018-03-15－2018-05-31	标题:【项目任务跟踪】系统测试和验收测试时间周期如何配合满足2周考核要求,协商讨论改进方案,下周汇报方案并跟进。 描述:系统测试和验收测试时间周期如何配合满足2周考核要求,协商讨论改进方案,下周汇报方案并跟进。 完成标准:前后端测试改进方案输出,测试改进结果满足2周版本发布周期的考核要求。	▆▆	▆▆	跟踪	改进方案讨论。 最后更新人:▆▆ 更新时间:2018-03-17 12:13:16
▆▆项目例会		2018-02-26－2018-06-30	标题:【项目跟踪】▆▆▆▆版的功能在Q2落实第一个版本。 描述:▆▆▆版的功能在Q2落实第一个版本,责任人▆▆▆协助。 完成标准:▆▆▆版的功能在Q2落实第一个版本。	▆▆	▆▆	跟踪	已经规划▆▆功能,Q2开发完成。 最后更新人:▆▆ 更新时间:2018-03-15 09:36:09

图 2.13.2　重要任务跟踪管理

子项目团队负责人依托 SWF 电子系统自动采集的项目情况,汇报各自团队开发进度。汇报模板包括迭代开发计划、开发需求数、特性数、故事数以及故事所处阶段的个数，如图 2.13.3 和图 2.13.4 所示。

序号	迭代名称	目标	开始日期	结束日期	完成率
1	sprint1		2018-02-05	2018-02-28	85%
2	sprint2		2018-03-01	2018-03-18	59%
3	sprint3	系统测试	2018-03-19	2018-03-25	0%
4	sprint4	验收测试	2018-03-26	2018-03-31	0%

图 2.13.3　迭代开饭计划

需求总数										
7										

特性总数			完成个数			开发中个数				
20			12			8				

故事总数	计划中	待开发	开发中	开发完成	走查中	待测试	测试中	测试完成	闭环检查	已完成
38	3	0	1	0	6	2	0	2	0	24

图 2.13.4　开发需求特性故事数

子项目开发需求特性完成进度情况如图 2.14.5 所示。

序号	需求名称	特性名称	风险	上周进度	本周进度	Sprint Name
1				60%	90%	sprint1
				90%	97%	sprint1
				90%	98%	sprint1
				54%	90%	sprint2
2				60%	96.5%	sprint1
				78.6%	96.5%	sprint1
3				70%	100%	sprint1

图 2.13.5　特性进度跟踪

第 3 部分

产品级敏捷组织与协作

第1章

建立学习型组织

3.1.1　学习型组织概述

3.1.1.1　学习型组织理论来源

西方企业在经过高速发展后,进入一个新的阶段,在如何提升企业竞争力的问题上很多专家学者进行了全方位的思考。尤其是认识到企业管理虽然制度严格,等级规范,但却存在"硬性有余、软性不足"的问题,企业中最重要的因素——人的潜能并没有得到有效开发,因而导致工作效率的瓶颈。以上问题,导致企业文化、学习型组织、7S等理论应运而生,目的就是充分调动员工的积极性和主动性,把人力作为资源和资本来看待,进行开发和培育,把企业与个人紧密结合起来。

此外,企业运营的内外部环境都日趋复杂,全球化浪潮,信息化冲击,都对企业管理提出了更高的要求,企业必须时刻保持弹性和灵活来应对内外部环境的复杂变化。现代企业面临的已经不是信息不足的难题,反而是信息过多的问题,如何对众多的信息进行筛选、整理以及有效应用,成为提升企业竞争力的重要手段。

学习型组织最初的构想源自于佛睿斯特在1965年写的一篇文章——《一种新型的公司设计》。它运用系统动力学的原理,非常具体地构想出未来企业的思想组织形态——层次扁平化、组织资讯化、系统开放化,逐渐由从属关系转向工作伙伴关系,不断学习,不断重新调整结构关系。

而佛睿斯特的学生彼得·圣吉基于西方企业管理的特点并吸收了很多中国哲学的思想和方法,像"系统思考","无为而治",提出了学习型组织的实施方法《第五项修炼——学习型组织的艺术与实践》,目的就是让企业或者组织更高效地从外部和内部学习中提取知识,从而提升企业的整体竞争力。

3.1.1.2　学习型组织的概念

学习型组织是指能熟练地创造、获取、解释、转移和保留知识,并根据这些新的知识和观点,自觉地调整自身行为的组织。简单地说,就是能持续进行组织学习的组织。理解它的关键是将组织视为一个生命体。正像人能够通过学习,学会吃饭、穿衣,掌握了知识和技能一样,组织也会学习。这是彼得·圣吉在其著作《学习型组织的艺术与实践》中提出的学习型组织的概念。

3.1.1.3　学习型组织的构建要素

彼得·圣吉在其著作《第五项修炼——学习型组织的艺术与实践》中总结了构建学习型组织的"五项修炼",如图 3.1.1 所示。

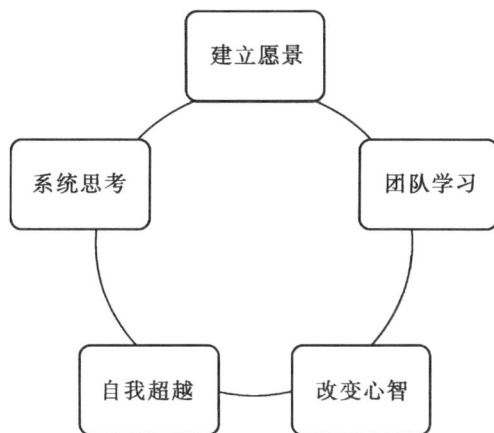

图 3.1.1　五项修炼

建立愿景(Building Shared Vision):愿景可以凝聚公司上下的意志力,通过组织共识,大家努力的方向一致,个人也乐于奉献,为组织目标奋斗。

团队学习(Team Learning):团队智慧应大于个人智慧的平均值,以做出正确的组织决策,通过集体思考和分析,找出个人弱点,强化团队向心力。

改变心智(Improve Mental Models):组织的障碍,多来自于个人的旧思维,例如固执己见、本位主义,唯有通过团队学习,以及标杆学习,才能改变心智模式,有所创新。

自我超越(Personal Mastery):个人有意愿投入工作,专精工作技巧的专业,个人与愿景之间有种"创造性的张力",正是自我超越的来源。

系统思考(System Thinking):应通过资讯搜集,掌握事件的全貌,以避免见树不见林,培养综观全局的思考能力,看清楚问题的本质,有助于清楚了解因果关系。

针对以上五项的修炼,企业可结合自身情况做出选择,可构建学习型组织。这样不仅能够达到更高的组织绩效,更能够带动组织的生命力。

3.1.1.4　敏捷开发中学习型组织

敏捷之所以敏捷,就是因为每个人的能力都在提高,从而直接影响最终的产品。随着组织内个人能力经过培训、知识传递和信息共享等方法提升,组织的知识积累和技术能力也在不断提高。组织便具备了学习和自我提升的能力。

人、组织与产品的关系如图 3.1.2 所示。

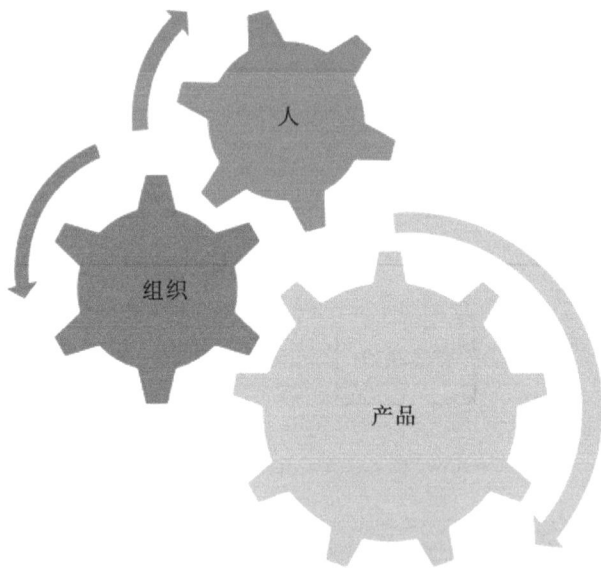

图 3.1.2　人、组织和产品的关系

3.1.1.5　敏捷开发中的学习型组织构建

在实际的敏捷开发学习型组织构建中,综合参考了其他企业的经验教训。基于敏捷开发的基本原理和构建学习型组织的基本原则和方法,以人为本,针对个人学习开展组织构建,并辅以相对扁平化的组织结构,使用消除组织边界等方法实现畅通沟通平台,综合使用自组织方式构建自主管理,多角色分配方式激发个人积极性。主动构建组织内外培训学习体系,提升学习氛围,搭建知识传递共享平台,并指导整体团队的技能提升。

部门基于"五项修炼"并因地制宜地使用一些有效的方法进行学习型组织构建实践,这些方法分别对应个人能力在"五项修炼"原则中的几项进行提升,如表 3.1.1 所示。

表 3.1.1　五项修炼原则中的能力提升

构建学习型组织平台	建立愿景,团队学习,系统思考
构建组织学习培训体系	自我超越,团队学习,系统思考
构建知识共享平台	建立愿景,改变心智,自我超越,团队学习,系统思考
提升团队学习能力	建立愿景,改变心智,自我超越,团队学习,系统思考

通过这些方法的实践,已经成功构建了基于敏捷团队的学习型组织,并持续学习。接下来分别就之前提到的几个方法详细说明作用和实践情况。

3.1.2　构建学习型组织平台

学习型组织在组织结构上面临的两个问题,分别是传统组织上的垂直边界和组织上的水平边界问题。

3.1.2.1　垂直边界

传统的企业组织结构是金字塔式的垂直组织结构,上下级之间是决策输送和信息反馈的逆转传递,上情下达或下情上达都同样要经过中间的层层结构传递,这导致了诸如信息损耗大、传递成本高、传递速度慢等不良后果。另外,企业内部的不同职能部门,往往形成部门职员之间沟通与合作的障碍。这种严格定位、分级负责的模式在传统经济发展阶段,由于行业发展的可预测性较强而比较有效,但面对变化多端的现代化市场行情则变得反应迟缓,缺乏灵活机动性。西方经济学者把传统企业组织模式的失效归因于传统企业组织里一贯的"边界",认为传统企业之所以存在边界,其原因在于按照需要把员工、业务流程及生产进行区分,使各要素各有专攻、各具特色。但是,经济发展的现实是经济信息化和全球化根本改变了企业生存的内外环境,要求企业从内部到外部建立合作、协调、高效的机制,改变大规模生产观念为灵活生产,变分工和等级为合作,调动职工积极性,协调外部经营环境。

3.1.2.2　水平边界

旧的水平边界正如房间的隔墙存在于企业内不同的职能部门、不同产品系列或经营小组之间。由于各职能部门都依据自身的进度表行事,往往与其他部门发生矛盾和冲突,各个部门都不顾企业的整体目标而片面夸大自己的目标,从自身专业或部门的立场来评价公司的政策,难怪政策的制订或计划的编制通常是由利害关系的各方协商的后果,而不是根据公司全盘需要作出的反应,从而导致组织的沟通不顺畅,知识传递、组织学习能力也就相对低效。

3.1.2.3　问题实践

研发过程使用敏捷开发的组织方式,综合使用自组织和扁平化组织方法。

3.1.2.4　扁平组织

扁平组织即从最上面的决策层到最下面的操作层,中间相隔层次极少。它尽最大可能将决策权向组织结构的下层移动,让最下层单位拥有充分的自主权,并对产生的结果负责,从而解决垂直边界上的问题。实践中需求决策者到实施者之间只有 2 层,这样的体制,能保证上下级的不断沟通,下层才能直接体会到上层的决策思想和智慧光辉,上层也能亲自了解到下层的动态,吸取第一线的营养。对于组织的整体互动思考,协调合作有着极大的帮助,从而影响组织,产生巨大才能,以及持久的创造力。

3.1.2.5　自组织特性团队

在自组织团队中,管理者不再发号施令,而是让团队自身寻找最佳的工作方式来完成工作。项目一开始,我们就会组建团队,由需求人员、开发人员和测试人员组成的是一群人。比如,每天的晨会,每个人都会主动询问别人是否需要帮助,也都会去主动和别人探讨问题。团队成员之间能够达成这样的默契,团队也就是一个真正高效的工作团队,在这样的团队中,成员之间相互理解,工作效率非常高。团队个人也会主动寻求问题的解决方法来解决问题,水平边界也就不那么明显。

3.1.2.6　实践效果

使用以上两种方式构建的学习型组织基础平台，让沟通更加顺畅，可以比较有效地消除原本组织架构上的边界，从而使得团队学习更顺畅，也可以让团队的每个成员具有相同的愿景。

3.1.3　构建组织培训学习体系

3.1.3.1　概述

韦尔奇就任 GE 总裁之后，在几乎所有的部门削减成本，却唯独对它的培训中心——克罗顿投资 4500 万美元，改善原有的教学设备。韦尔奇的目标是把 GE 建设成为非正式的学习组织。

学习型组织当然离不开如何"学习"，首先要明确学习的内容。企业的学习不同于学校里的教育，企业讲求学习能够解决企业问题。这就需要企业一方面构建完善的培训体系，另一方面还要建立各种制度来维持组织的持续学习。

在敏捷研发实践中，项目团队使用如每月读书分享、员工个人培训、自组织团队、人员内部多项目的流动等方法来进行各类学习，同时把以上的一些学习融入到每月的月度考核中，以确保学习的效果，并且由管理者协助员工制定个人发展计划书，明确学习目标，使之不仅有利于个人事业成功，也有利公司发展。

3.1.3.2　实践方法

1. 员工个人的培训

每月均由员工申报，以科室或者自组织特性团队为单位组织各类专业培训，组织者共享学习/技术经验，而学习者则协同学习。在完成学习后，由学习者对组织者的课程进行评价反馈，以便于后续组织的改进和提高。

2. 每月读书活动

每月由员工自主申购图书，在完成阅读后，自主申请培训。

在实施了以上方法后，尤其在敏捷团队中，各个特性团队均有意识学习对于工作、产品有帮助的知识，所有特性团队的技术能力和生产力得以提升。团队每个月读一本书，由导读人带领大家对这本书进行讲解。我们读的书不限制内容和范围,有技术方面的、有历史的、有健身的等等,所以大家兴趣高涨,读书活动很有趣。通过读书活动可以开阔视野,及时了解新技术、新知识,也可以作为紧张工作之余的放松活动。

3.1.3.3 实践效果

通过以上的一些措施,整个学习培训体系就比较完整地构建出来了,加上相应的考核激励措施,既让每一个个体不断有自我超越的意识和系统思考的积累,又为后续组织具有不断的学习、自适应能力提供了极大的基础保证。

3.1.4 搭建知识共享平台

3.1.4.1 概述

有了顺畅的管理平台和强大的培训学习体系,整个学习型组织的支撑框架就完成了大半,知识共享平台的搭建也就顺利成长,一方面可以更好地为学习培训体系服务,另一方面也大大提高企业运行的知识积累与共享。

一般的知识平台通常包括两个部分,分别为以物为主的平台和以人为主的平台。

在产品项目研发敏捷实践中,以物为主的平台主要包含了实体书,项目中经验总结文档,ERP 中的培训文档以及各类的经典实践等。而以人为主的共享平台包括需求沟通会,疑难研讨会,代码讲解分享学习会等形式。

以物为主的平台存储并保留了培训积累、学习积累、项目积累、业务积累、技术积累的文档,在敏捷开发组织中,本身研发积累多以代码为主的情况下,此类积累尤其宝贵。分类分权限保存在公司的 ERP 和部门相关的服务器中,便于各类人员的查阅共享,以提升整个敏捷学习组织的生产质量和生产效率。

以人为主的平台,遵循"五项修炼"准则,让个人建立学习愿景,建立学习标杆,改变心智以求自我超越,在不断的累积中形成系统思考。

3.1.4.2 实践方法

以下就敏捷开发中以人为主的共享平台的方法做简述,主要从组织共享,业务学习平台和组织共享技术学习平台两个方面说明。

1.组织共享业务学习:需求沟通会

敏捷开发采用迭代模式,在每次项目启动时,自组织特性团队在了解需求后由需求人员在前期对需求进行分析和分解;完成后与自组织特性团队成员进行需求沟通会议。会议主要包含需求说明、时间估算、任务认领三部分。与会期间,自组织特性团队成员对需求进行学习,时间估算并讨论疑难,最终形成会议纪要和故事列表。整个项目进度对于每个特性团队的成员均是公开透明的。

需求会议可以明确任务,整个特性团队在会议中对产品进行学习,互相分享业务经验,以提高整个团队对用户真正需求的认知水平。整个组织对产品需求进行了学习,让组织生产的产品质量有了提高,让整个组织的业务能力有了提升。

2. 组织共享技术学习:代码讲解分享活动

在产品项目的敏捷实践中,特性团队会组织各自的代码讲解分享活动。代码讲解分享活动主要内容为整个团队共享学习某个迭代中每个特性团队成员生产的优秀代码。在整个过程中,对彼此代码进行学习和纠错,形成团队整体的技术能力提升。

3.1.4.3　实践效果

良好的内部沟通机制可以极大地提高学习的效果,在使用以上的一些方法后,整个组织的代码更规范,业务能力也更强了。

3.1.5　提升团队学习能力

3.1.5.1　概述

彼得·圣吉提出学习型组织的"五项修炼"与敏捷开发中的人、组织、流程的顺序都明确表示在敏捷开发中人的重要性。在硬件和体系都构造好之后,最后而最重要的即是人的学习能力的提升,进而才会形成整个组织的学习能力提升。

很多企业在建设学习型组织时,往往搞不清"五项修炼"与学习型组织的关系。其实,"五项修炼"是对团队中个人的内在要求,要求团队成员必须俱备这五方面的技能,才能使企业成为学习型的组织。"五项修炼"是建立学习型组织的内在和软性的要求。

3.1.5.2　实践方法

在产品项目的实践中总结为两个方面的方法论,分别为个体积极性和团队氛围。

1. 个体积极性

个体是组织形成的源泉,是生产力的基本单位。在本部门敏捷开发的实践中,通过对个人主动组织培训、编写总结等考核任务激励肯定了个人在学习分享以及能力方面的提升。通过树立先进个人,激励其他特性团队成员以标杆为榜样进行学习和自我超越;通过鼓励读书会的总结编写来激励个人的心智改变。

2. 团队氛围

除却个人的主动学习分享,在组织中学习的氛围和企业文化也是不可或缺的。部门通过积极地定期地组织购书,共同学习视频,开展研讨会,以及宣贯读书等方式进行全部门的业务或技术学习,明确组织未来努力的方向,让所有个人、特性团队在工作中学习,在学习中工作。不断地学习与巩固已学到的技术和知识,明确组织愿景,将组织愿景融入生活和工作中,不断地增强组织的积极性和学习能力。

3.1.5.3　实践效果

使用以上的方法论,即可在敏捷团队中积极地提升团队学习能力,实现软件上的超越。

3.1.6　本章小结

敏捷开发中的学习型组织构建,实践中首先构建扁平化的学习型组织平台,以实现沟通的畅通,明确组织愿景;其次构建组织学习培训体系,让团队培训规范化,并激励个体主动学习,自我超越;第三搭建知识共享平台,让团队对业务技术知识进行积累,提升产品质量,且逐步让个体改变心智,形成系统思考;最后也是最重要的,提升团队学习能力,由外而内地改变组织的学习方法,提升团队综合能力。

以上几种方法,软硬结合,内外兼修,实施时结合"五项修炼",因地制宜,企业才可真正地学习起来。

第 2 章

OKR 压力与挑战

3.2.1 什么是 OKR

OKR(全称 Objectives and Key Results)即目标与关键成果法,是一套定义和跟踪目标及其完成情况的管理工具和方法。

3.2.2 OKR 有什么用

(1)OKR 促使我们思考,主要目标会随之浮现。

(2)OKR 促使我们的沟通更顺畅,让每个人都知道什么是最重要的。

(3)有了 OKR,就有了能够衡量过程质量的具体指标。

(4)OKR 能让我们集中精力为既定目标而努力。

3.2.3 如何制定 OKR

(1)OKR 的制定必须是可量化的(时间 & 数量)。

(2)OKR 的目标应该是有野心的,具有一定挑战性的,甚至是让你有些不舒服的。一般来说,如果总分是 1 的话,正常情况下能够达到 0.6～0.7 分,那么这样的 OKR 就是较好的了。因为,这样你就需要不断地为你的目标而奋斗,而不至于期限不到就已经完成了目标。

(3)OKR 要求公开、透明,不仅指计划的内容,还包括最终的评分,都要求向大家公开。

3.2.4 部门的 OKR 实践

笔者所在部门从 2015 年下半年即开始实践 OKR,OKR 周期为半年。

OKR实践过程分为制定、跟踪和评估三个阶段,如图3.2.1所示。

图 3.2.1　OKR 管理三阶段

　　部门 OKR 的制定按照自上而下、逐层分级的方式:产品经理、项目经理和科长等管理岗位根据产品定位、规划等,制订产品级 OKR 目标;科室、项目团队成员再根据团队的整体目标制订各自的 OKR 条目。

　　后续章节,笔者以部门关键岗位的 OKR 实践过程为例,介绍一种 OKR 实践模式。

3.2.5　OKR 的制定

　　OKR 的制定过程是整个 OKR 最重要的环节,一般的 OKR 制定流程如图3.2.2 所示。

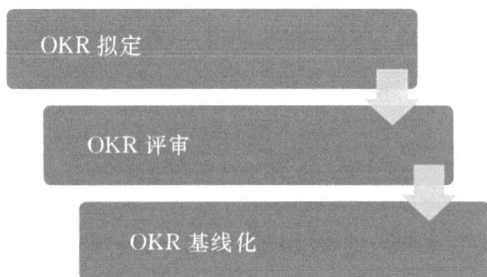

图 3.2.2　OKR 制定流程

OKR 的制定过程在部门半年总结会议上完成,半年总结会议的参会人员包括部长、产品经理、项目经理、测试经理、科长和敏捷教练等。

会议议程共三部分:

(1)个人半年小结:个人半年工作汇报、上一半年 OKR 达成情况自评以及下一半年 OKR 初稿制定。

(2)下一半年部门主要工作方向及重点规划等讨论。

(3)各管理岗位下一半年 OKR 目标基线化。

每位参会人员会前完成汇报材料准备,包括工作总结、OKR 自评和 OKR 初稿制定。其中,OKR 制定内容包含三部分:前半年未达标的 OKR 条目;部门常规条目,如专利、敏捷过程 KPI 等;个人挑战条目,如"一杆进洞"版本百分比、产品推广局点个数、获得无线荣耀次数等。

在个人半年小结阶段,每位成员详细介绍自己下一半年 OKR 初稿的内容,所有参会人员对 OKR 进行评审,包括目标是否具有挑战性,是否可以量化。在评审环节,根据工作上下游工作依赖性,还可以适当增加 OKR 条目。例如:项目经理为了保障产品质量,需要产品经理控制需求,需要测试经理把关测试流程;或者测试经理为了更好地推动自动化测试,需要开发经理在安排开发任务时预留自动化开发接口;再或者商用测试团队为了更好地进行外场支撑,需要开发团队控制文档质量以及异常日志打印;等等。

在部门重点规划及工作方向讨论环节,通过讨论分析业界热门技术,例如 AI、大数据等技术,并结合当前项目,梳理那些可以落地到当前产品的,形成技术预研点的产品落地计划。相关条目会落实到部分成员的 OKR 中。

OKR 基线化是制定 OKR 过程的最后一步,每位成员基于前两个阶段的评审意见,输出电子版文档,大家再统一评审。如果有调整,现场修改,形成最终稿,并打印两份,一份由成员自己保存,一份由部长保存。其中由部长保存的一份,员工必须在上面手写签字。电子版需要统一上传到部门公共文档库,所有参会人员可见。

制订的 OKR 样板示例如图 3.2.3 所示。

2017 年下半年 OKR 计划书(****)

序号	目标(O)	关键成果(KRs)	KR 权重	分值
1	版本研发	按时完成 2017 年规划的版本计划，通过验收测试	25%	
2	故障泄漏率	外部故障泄漏率 <X%	10%	
		验收测试立即修改故障 <X%		
3	版本性能	集群容量管理规模达到 XX 万小区	20%	
4	技能优化	技能优化总结文档 X 篇	10%	
5	新技术预研	XXXXXXXXXXXXXXXXXXX	10%	
6	技能传递	XXXXXXXXXXXXXXXXXXX	10%	
7	科室管理	XXXXXXXXXXXXXXXXXXX	15%	

签名:

2017 年   月   日

图 3.2.3   OKR 制订样板示例

3.2.6   OKR 跟踪

OKR 跟踪在部门双周例会上定期进行，每月跟踪一次，每位成员反馈每个条目进展：完成百分比、遇到困难和风险等。对于部分员工岗位职责有调整的，OKR 需要重新制定，制定方式和上一节相同。

3.2.7   OKR 评估

OKR 评估在半年总结会议上进行，评估过程分为两个阶段：自评和集体评审。其中，自评内容要求每位参会成员在会前准备，要求提供举证数据，且举证信息必须来自正式可量化渠道，如研发团队的 SWF 系统、WRS 系统、质量经理的每月质量报告，以及文档经理整理的版本文档完成及时率等。

集体评审阶段在会议过程中进行，在每位成员针对自己的自评打分进行了详细举证说明的基础上，工作上下游的相关同事再针对其相关工作的完成情况进行评价打分，最终完成分值汇总。

对于重点 OKR 条目，如果完成质量与预期差距较大，则有必要进行分析讨论,并有针对性地制定新地目标,规划到下一半年的 OKR 条目中。

3.2.8　OKR 实践成果

实施 OKR 后,部门业务更加明确,员工目标和部门目标也更加一致。

清晰明确且具有挑战性的工作目标,极大地调动了员工的工作积极性和学习热情,部门员工比之前更加主动地学习新知识,并能够想办法将学到的新知识、新技能,灵活应用到产品开发过程中。此外,由于员工的 OKR 在制定完成后会在整个部门公示出来,促使员工之间更便于了解彼此的工作内容,有利于员工之间通过相互学习,取长补短,从而有效提升人员工作效率,优化部门整体资源,形成长期稳定的良性发展模式。

自实施 OKR 后,部门各项工作都上升一个台阶,敏捷成熟度模型各项指标已经达到 4 级标准;产品对外推广以及质量得到用户更高程度的认可,部门 2016 年获得经营部红头文件无线荣耀表扬达 12 次。版本研发效率提升明显,在短时间内顺利推出了多制式兼容的产品版本。

第 3 章

鼓励创新

创新为公司和团队的长久发展提供新鲜血液,是新的利润增长点的主要来源,尤其在当前这种万众创新的大环境下,更应该重视创新。在实际工作中,我们从创新思维的引导、创新环境的营造、创新人才的激励和创新团队的保障四方面来鼓励创新。

3.3.1 创新思维的引导

周期性地转发、发布创新相关的新闻,可通过会议、头脑风暴、微信群等多种形式,让创新的理念深入人心,知道创新对团队、对个人的好处。

通过邮件,转发当前科技创新的新闻;

通过微信群,讨论大家感兴趣的创新技术和创新模式;

通过头脑风暴,系统性地剖析创新技术的构成,分析对我们是否可以借鉴,如果值得去做,那就进一步细化落地。

3.3.2 创新环境的营造

通过 COP、读书活动、团队例会等形式,组织大家分享、讨论创新相关的信息和知识。人人关注创新,人人爱创新。

COP 指的是非项目化、行政化的,通过共同爱好聚集在一起的松散组织。大家在 COP 里一起提问、一起讨论、一起提升,当有个好点子出现的时候,感兴趣的同学就可以组成一个临时团队,利用业余时间完成创新产品。

读书活动,比如在人工智能大热的社会环境下,有一位同学读了《必然》这本书,有心得了之后开展一次读书活动,一方面介绍书籍内容和自己的心得,一方面与大家讨论、拓宽大家的视野,轻松谈话中大家收获了知识,不经意间很多好点子也涌现了出来。读书活动在轻松的氛围下举行,如图 3.3.1 所示。

图 3.3.1　讨论图

工作氛围同样重要,让大家时刻能感觉到创新的氛围。制作并在办公环境张贴拼搏创新的海报,营造创新环境氛围,海报内容如图 3.3.2 所示。

图 3.3.2　各种海报

3.3.3 创新人才的激励

对提出创新建议的同学进行奖励,参与创新团队的成员独立考核,有创新成果的团队表扬并奖励。创新不局限于技术创新,无论是研究出新的技术,还是开发出方便大家工作的工具,或者是提出改进现有流程的方案,只要能提升工作效率,都是创新。

具体来说可以对创新团队进行奖励,也可以对创新成员进行奖励,具体的奖励方式需要根据实际情况来定,总体的激励原则参考员工激励类图书,员工的能力提升或荣誉感是比较实惠的方式,最直接的当然是金钱激励了。

创新团队的保障

资源对每个团队是否能成功都是首要因素,对创新团队更是如此,那么创新团队的资源如何保障呢？最好是跟主流业务的资源独立,以免人力、资金无法到位而导致创新团队无法运营下去。与主流业务团队的资源保障相比,创新团队的资源保障不能过剩,需要严格与收益挂钩,这样创新团队才会动力十足地创造收益。

在《创新者的窘境》一书中就描述了破坏性创新的威力及创新团队的资源保障。一般来说,主流业务有公司高层持续关注,公司成员也都习惯性地对主流业务进行改进,基于主流业务的创新叫延续性创新；而破坏性创新与主流业务不同,它会开发出与主流业务不相关甚至颠覆掉主流业务的产品,如果没有资源保障,绝大部分情况下由于资源被主流业务抢走而不得善终。

以磁盘驱动器的变更为例,如图 3.3.3 所示。从历史发展上看,磁盘驱动器的尺寸越来越小,而每个尺寸的容量都是越来越大,当小尺寸磁盘驱动器的容量能够满足用户需求时,大尺寸的磁盘驱动器,无论容量有多大,都会被淘汰。这个道理大家都懂,但是在实际中,生产 14 英寸磁盘驱动器的企业,对 8 英寸的磁盘驱动器不屑一顾,只想着提升自己的容量,用来获取大型机市场更高的利润。一旦 8 英寸磁盘驱动器的容量能够基本满足大型机需求的时候,大型机厂家就会考虑使用 8 英寸磁盘驱动器来缩小自己服务器的大小、降低成本,这个时候厂家再想生产 8 英寸磁盘驱动器,就会发现别人已经有了太明显的先发优势。其实往往 8 英寸磁盘驱动器的首次研发是由生产 14 英寸的大型领先企业研发出来的,但为了主流业务,会抛弃掉生产 8 英寸磁盘驱动器的方案。

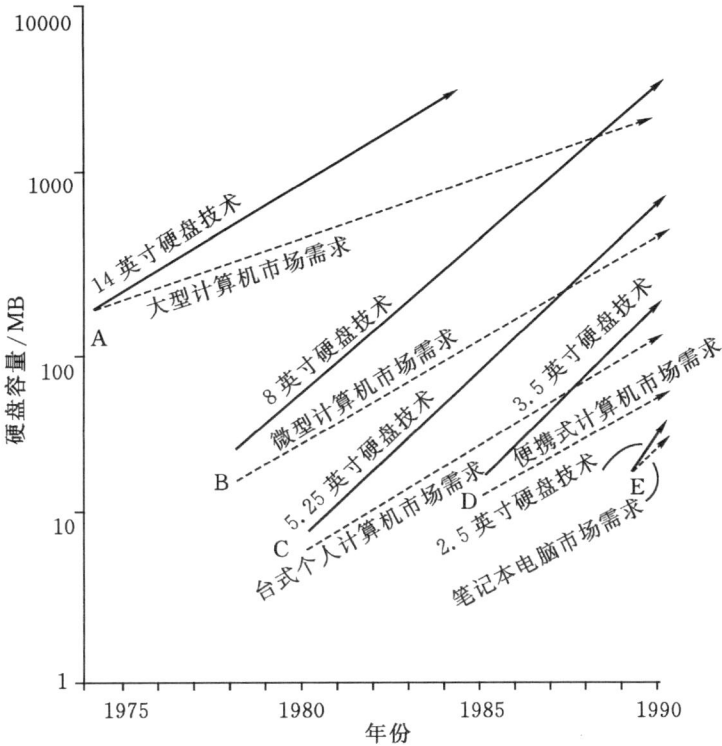

图 3.3.3　磁盘驱动变更

　　所以,创新团队的资源需要保障。如果当 8 英寸磁盘驱动器在这个以 14 英寸为主的大企业中首先研发出来时,这个企业不是拿两个产品的利润来比较,而是用一小部分人去研发这个新产品,同时保障他们的资源,很可能这个企业的领先地位会一直存在。《创新者的窘境》中,给大家的建议是:设立一个独立的小型机构,来应对创新产品的小型市场。当然,前提是要判断创新产品是不是真的能产生效益。

第4章

丰富多彩的文化建设

3.4.1　项目中的文化建设

项目是企业或者部门生存、盈利的基础,让项目中的人更具凝聚力、创意,以及工作得有目标、有计划,项目上少不了要开展很多的文化建设工作。主要通过以下几个方面来提升。

1. 轻松的敏捷项目启动会议

申请经费进行零食购买,使启动会议参与人员进入一种放松的状态。

详细拆分后的任务跟踪表格,使对象和目标更精准。

自由开发的讨论环境,不反驳,不打击,各抒己见地聚焦问题进行讨论。

2. 项目过程中的主动激励

在办公区域专门开辟一个区域,布置了休

闲咖啡室,为大家提供休闲食品和饮品。包括自助咖啡和茶叶,有可存放乳制品、冰淇淋等冷饮的冰箱。工作之余休息时间可以到休息室看看书、谈谈心、喝杯咖啡等等。

休息室里的图书如图 3.4.1 所示。

图 3.4.1　休息室里的图书

　　如图 3.4.2 所示为休息室准备的零食,还有快捷的方便面、水果、甜点,其他还有牛奶、牛肉、咖啡等等。

　　此休息室还可以用于同事之间简短沟通、外部人员非正式接待、临时短会等等。

图 3.4.2　休息室用于沟通等

　　除了体现温馨的休闲咖啡室,还提供健身场地,有健身器材和瑜伽垫等,如图 3.4.3 所示。工作之余可以到健身场地做适量运动,使劳逸相结合。

图 3.4.3　休息室用于健身等

3.4.1.1 项目结束后的庆功

项目成功交付后,组织项目相关人员聚餐,或者娱乐活动,增加项目团队成员凝聚力,加强员工之间的联系,沟通感情,予以激励,例如海底捞聚餐等。

3.4.1.2 从始至终的责任心和主动性

按用户故事进行任务划分,使用自研的 SWF 系统对用户故事进行跟踪(见图3.4.4)。

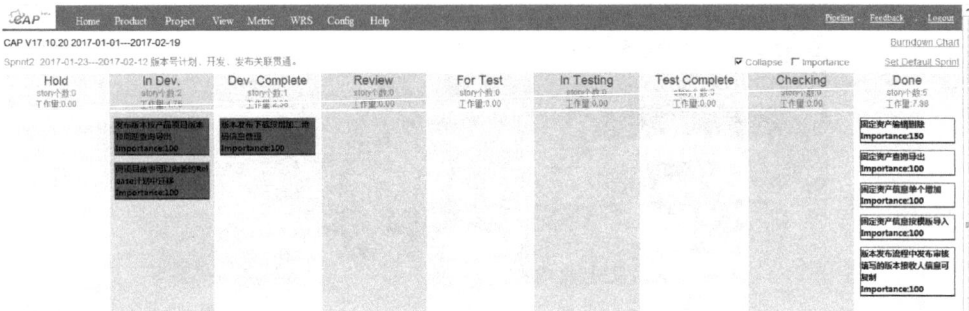

图 3.4.4　SWF 系统界面

每个人每天都能对自己负责的用户故事进行跟踪梳理,并且可以回溯到具体实现人员,加强员工自律性,提高员工责任心和主动性。

每天的站立会议,汇报工作进展以及疑难问题,向各个项目组成员求助,互帮互助。

3.4.2　科室中的文化建设

科室是部门人力的蓄水池,是融合、供应人才、聚合人才的基础单位。科室的文化建设直接影响到在项目中人力的状态,起到润滑作用。保证科室中每个投入在项目的人能够减少烦恼,并且可以倾诉、发泄,以人为本的文化建设显得尤为重要。

3.4.2.1 轻松愉悦的科室例会

举办万圣节、圣诞节等有特色的科室例会,丰富文化生活。

正常版本如图 3.4.5 所示。

图 3.4.5　科室例会（一）

万圣节版本如图 3.4.6 所示。

图 3.4.6　科室例会（二）

以万圣节为例,每个员工为自己起一个鬼怪的名称,进门时报上别名、获得糖果方可进入。

为一季度过生日的员工统一举办生日会,如图 3.4.7 所示。

图 3.4.7　庆祝生日

3.4.2.2 知识传递的科室培训

每个月科室组织两次技术相关的培训,对感兴趣的知识大家一起分享,一起学习,一起进步,如图 3.4.8 所示。

图 3.4.8 分享学习

1.博闻强识的读书活动

每个月以科室为单位,组织一次读书活动,从文学到音乐到影视到游戏等,自由度非常高的分享会,例如几米的漫画,摇滚乐发展史等。

2.热闹乐观的科室活动

根据项目情况,科室有自由组织科室活动的权利以及经费的申报,有"轰趴"馆、农家乐、自助餐等多种多样的活动。

3.4.3 部门级的文化建设

部门是人和项目都归属于的集合,从整体上掌控所有人和项目完成过程中状态、规则、流程以及嘉奖。部门级的文化建设包括以下内容:

(1)部门的春游和秋游。

(2)部门组织大家春游或者秋游,游遍大江南北,走遍五湖四海。

(3)部门级别的褒赏和嘉奖。

(4)每年年底,部门会对各个岗位表现优异的员工予以证书和奖金奖励。

(5)部门的年终大会。

年底是一个总结过去、开拓未来的时间点,举办部门级别的年终大会,表彰过去,展望未来,鼓舞士气,明确奋斗方向,并且有员工自编、自拍、自演的各种节目,其中抽奖和发红包环节总能将场内气氛推向高潮。

第 5 章

团队协作

3.5.1 建立各种高效的职能团队

为保障产品级敏捷高效运作,需建立各种高效的职能团队。

3.5.1.1 PO 团队

对非常大型的项目(比如有 5 个以上的开发团队),不仅给多团队进行产品整体开发带来难度,而且一个项目 PO 也很难独自应对这么多开发团队和产品管理工作,因此可以把相关团队组合成若干需求领域。

需求领域是以客户/用户为中心的,并不是架构的子系统,而是一系列从客户/用户角度来说联系非常紧密的需求集合。在划分了需求领域的项目团队中,每个需求领域有一位 APO(领域产品经理(PO))承担其以客户为中心的领域工作并作为该领域开发团队的 PO。注意:站在需求领域的角度来看 Product Backlog,就可以得到领域的 Product Backlog(视图)。

项目 PO 和所有 APO 就构成了 PO 团队。这个 PO 团队决定整个项目范围内的优先级划分,但是项目 PO 拥有最后决定权,同时,项目 PO 决定工作范围和进度——他决定何时发布什么产品。PO 团队的工作重心仍然应该是对外面向客户和商业重点,而不应过于对内。比如,常见的对外职责包括产品愿景、商业计划、客户关系、竞争对手分析、构思和创新、市场测试、渠道、定价、市场调查、盈利能力等等。

3.5.1.2 BA 团队

该团队的主要职责:需求分解,以及针对需求进行系统的架构设计和维护。该团队是一个虚拟团队,主要由 SE 组成,开发团队代表在特定情况下会参与到架构/设计研讨会中。

该团队到底做多少架构设计的工作,取决于项目的创新程度(新项目还是改进型项目),需求的复杂程度(简单需求还是复杂需求),开发团队自身的设计能力,是否包含组件团队等因素。

对包含组件团队的项目,组件团队的故事和组件对外的接口由架构团队通过高层设计确定。

该团队典型的工作形式就是按需的、不定期的设计研讨会。

3.5.1.3　特性开发团队

特性团队是长期、全功能、跨组件逐个端到端地完成客户需求的团队,团队具有必要的知识和技能来完成端到端的客户需求。不同特性团队之间共享所有代码。

特性团队具有下述特点:

(1)稳定并长期存在,团队凝聚成一体以高效工作,随时间推移不断承担新需求的开发。

(2)全功能(指分析、设计、编码、测试等)和跨越所有组件。

(3)团队独立完整地交付给客户带来价值的需求。

(4)由许多通用型人员组成。

因为每个特性团队都独立完成客户带来价值的需求,因此团队间的依赖主要就是共享的代码(需要频繁的代码同步和集成以提早发现团队间的代码冲突),这种方式简化了项目层面的管理,团队能承接的工作范围也很宽广。

对应地,下述是一些可能的反模式,要尽可能避免这类现象长期存在:

(1)动态团队,即团队成员比较频繁地变动。

(2)团队做不到全功能,比如团队自己不做或做不了承接需求的验收测试。

(3)团队没有能力修改所有组件的代码。

3.5.1.4　验收测试团队

该团队主要职责是负责编写对外测试规程,按产品应用场景对开发团队交付的功能进行验收测试,以及测试能力建设、提供客户视角、敏捷转型初期提供全业务能力人员、共享测试成果等。

3.5.1.5　交付支持团队

该团队主要职责是负责产品对外的商用交付和产品外场技术支持、客户需求反馈等。

该团队由售后支持人员组成,也可以包括部分研发成员。一方面,团队将价值向客户展示、交付;一方面,听取客户的声音,反馈给 PO 团队,持续改进。

3.5.1.6　项目管理团队

该团队的主要职责:维持项目层面的迭代运作,解决项目内单个团队无法解决的敏捷推进问题。

项目层面的迭代运作包括:团队之间的信息同步,组织召开跨团队的迭代计划会,组织项目迭代的演示会,组织跨团队的回顾会等。

项目内单个团队内部解决不了的敏捷推进问题包括:项目敏捷整体目标设定,项目的敏捷运作方式,和相关项目的协调,团队组建,团队间资源协调,意识转变,流程规范,接口问题,敏捷管理实践与技术实践的推进等。

该团队是一个虚拟团队,由项目经理(或研发项目经理)、项目管理工程师、项目 PO、APO、各开发团队代表、其他团队的代表、内外部教练组成。

3.5.1.7　防火墙团队

当项目同时承担了老项目的维护工作、外部支持等时,会有外部缺陷进入项目。当需要屏蔽对开发团队的干扰以保证迭代节奏时,即当项目满足下述任何条件时,就要考虑成立以解决缺陷为主的防火墙团队(一种专职的特殊的特性团队):

(1)外部缺陷数量非常多。

(2)项目内的单个团队都不具备独立解决老项目缺陷的能力(比如对老项目都不太熟悉)。

为避免防火墙团队的人员的工作热情下降,一般可以采用定期轮换团队(即由另一个特性团队作为防火墙团队)或轮换团队成员(和其他开发团队人员进行部分人员的交换)的方式来加以缓解。

注:开发团队内部也可以设置防火墙人员来屏蔽对开发人员的干扰。

3.5.2　团队间的协作交流

团队协作非常重要,团队协作可以帮助企业解决错综复杂的问题,能够提高工作效率。因为和谐的团队精神能够产生一种舒适轻松的工作环境,良好的工作氛围使得每个人对工作都能够保持一定的热情。

然而,事实证明,相互合作不是一件容易的事情。通过设计可以使装配流水线上的机器人相互配合得天衣无缝,但对于人来说却不行,因为每个人都有自己的想法,况且人不是机器,人都有情感——高兴或愤怒,自信或无安全感,友好或妒忌。对任何事情我们都有自己的判断标准,是公平还是偏颇,是对还是错。

让我们一起来看看让敏捷团队学会协作的三个要素。

3.5.2.1　敏捷团队协作要素一:培养个人技能

最容易改变的,是你自己的行为。你可以通过改变自己来达到改变他人的目的。首先,你要通过提高个人技能来增强自己促成良好合作关系的能力。假设你是一名乐队成员,想进一步提高乐队演奏效果。为此,其中要做的一件事就是自己首先要成为一个技艺高超的演奏家。除了平时多加练习外,还要懂得一些对你和他人都有帮助的基本知识,如节奏、音阶、旋律、和弦等关于演奏乐曲、乐器的和声概念。在实践中,我们总结出成功合作5要素:

1.目标

如果不清楚自己要干什么,是很难把事情做好的。有些目标能够给人以鼓舞和激励,既有助于衡量取得的进步,也有助于做出决策,但是有的目标则不然。有机会对制定目标施加影响的人会更努力地去实现目标。

2.系统思考

每一个人都可能不自觉地陷入毫无目的、漫不经心的沉思中。用几个简单的技巧就能让你的思考变得井井有条,而且重点明确,从而帮助你构思创意并制定出具有可操作性的计划。在人们合作开展工作时,这些思考的技巧可以将合作团队中的其他成员变成宝贵的资源,而不是阻碍前进的障碍。

3.学习

只靠一味地思考不足以保证找到解决问题的好办法,必须将你的创意付诸实践进行检验才行。要和其他人共同养成一些学习习惯,这些学习习惯有助于改进你们的工作习惯。

4.全力以赴

人们对待自己的工作可能是充满热情,也可能是兴趣索然。给你自己确定的目标大小会直接影响到你投入精力的多少,对于一个团队也是如此。不要认为人们对工作不投入是不可避免的,相反,可以通过给大家分派能够激发工作热情的任务和注意分派工作的方式来使大家全力以赴地投入到工作中去。

5.反馈

学习的方法之一是将你的想法运用于实践,然后通过观察结果来加以检验。还有一个方法是从同事的意见和建议中受益。给别人提出建议和接受别人提出的建议对自己都大有裨益。你可以将这些技能传授给同事们。你们的组织可以成为一个这样的组织,就是在这个组织中,征求和提供反馈意见是出于相互支持,而不是相互竞争。

3.5.2.2　敏捷团队协作要素二:明确合作目标

你不仅要拥有独立完成任务的基本要素和相应的技能,也要学会如何综合利用这 5 种技能,建立良好合作关系的目标。我们再次以爵士乐队为例。要想知道自己该怎样演奏音乐和搞清楚"大家共同演奏出高水平爵士乐"应该给人以怎样的听觉感受,那么在你思考如何提高个人技能和提高整个乐队演奏水平的过程中,节奏、音符、音阶、旋律、和弦这些基本要素就为你提供了一个十分有用的架构。你必须对什么是成功的合作有清醒的认识,需要清楚要实现的目标是什么。同样,在你开始着手改善和办公室同事们的合作关系之前,也必须知道良好的合作关系应该是什么样的。

如果我们的做法"正确",那又该是什么样的做法呢? 你肯定能够想到有些做法需要摒弃,比如召开没完没了又毫无意义的会议,但是就算做到这一点也不等于已经很清楚我们究竟应该做什么。为了开好会议,我们如何来确定议程? 将要讨论的问题是什么? 由谁负责给大家分派任务? 除非我们清楚该做什么才能使情况变得更好,否则就很难改掉那些不好的做法。

在逐步认清什么是良好的合作关系的过程中,不要将自己凌驾于同事之上,而是要平等地和大家一起来改善合作关系。

3.5.2.3　敏捷团队协作要素三：影响他人

通过条理清晰的系统思考，你可以对目前的合作现状加以分析，从而判断出需要做哪些变革，并在合作中选择那些最能激发你干劲和最能使你全力以赴的领域或方面进行改进。除了成功合作 5 要素外，你还需要掌握一套简单易行的影响他人的方法。

如果你是一位爵士乐队中只负责演奏自己乐器的普通乐手，你是不会对其他乐手发号施令的。相反，你只能从侧面加以引导，比如，可以通过点一下头、一个微笑或者一句话向他人表达某种意思。你可以在他人做出贡献的基础上为这个团队做出你的贡献；你可以通过示范作用表明你认为这个团队应当建立起来的合作关系。我们每一个人都能够做出自己的贡献和激励他人做出最大的努力，以使我们的合作水平提高到一个新的高度。

激励他人采取更好工作方式的 3 个简单方法是：

(1)提出问题，激发大家思考合作中存在的问题并寻求解决方法。

(2)交流看法，把你想出的办法告诉大家，让他们加以应用，并在反馈基础上加以改进和修正。

(3)带头示范，为大家示范什么是更好的行为方式。

3.5.3　客户也是团队成员

客户是什么？客户是敏捷开发的源动力。项目源起客户，也最终交付于客户。客户在敏捷开发中占据着及其重要的角色。主要在如下几方面能体现客户的重要性：

敏捷开发方法的诞生，是为了能快速、准确地响应客户的需求进化（变化），更快更好地交付让客户满意的产品。

敏捷开发是从用户故事开始的，用户故事从用户的角度描述用户渴望得到的功能和实现的价值。用户故事关注的是交付给客户的最终价值，也就是能给客户带来什么样的最终效益。换句话说，用户故事面向的是具体客户的需求。

(1)敏捷的四个核心价值观之一的沟通，不仅仅是指团队内部的沟通，还包括与客户之间的沟通。

(2)敏捷方法采用迭代、即时交付等观念，也就是为了能更方便地与客户进行沟通、交流,尽早发现开发过程中与客户理解不一致的地方,进行修正,减少整体的项目成本。

那么我们怎么与客户进行协作才能实现项目利益的最大化呢? 答案就是将客户作为团队成员,充分参与到项目的进程中来。具体来讲,有如下 5 种客户契约,可以给项目带来项目利益。

1.理解客户真正的需求,并协助客户改进需求

当客户提出某个需求时,我们不是卷起袖子就开始编码,而是首先想想客户要的到底是什么。他说的真的是他想要的吗? 他想要的说了吗? 我们需要知道客户的项目的愿景是什么。我们需要站在整体的角度,站在更高水平的角度来看需求。由于我们对软件更了解或者说更专业,我们就可以给客户一些更好的方案。由于客户对技术不了解,经常会提出一些既耗时又非常"愚蠢"的方案,那就需要利用我们的专业知识来告诉客户什么是更好更省时的方案。有的时候需求稍加改动,会让客户体验更好,而且开发更快。例如,在网络优化产品中,局方提出要能实时查看用户的详细话单,这个功能不仅耗时大,而且对性能要求非常高。全网数以亿计的话单要实时入库几乎是一个不可能完成的任务,于是我们深入分析用户的真实需求,发现局方其实不需要对全网千万级的用户全部进行实时查看,他们关心的主要有 2 大类用户:一类是 VIP/VAP 用户,对局方而言非常重要的或高价值用户,局方希望能实时监控他们的状态;一类是投诉用户,当某个用户进行投诉后,需要尽快找到导致用户投诉的话单,并进行原因分析。这两类用户的数量相对全网用户而言,就非常少了,可以满足实时入库的需求。所以,我们通过深入沟通,引导客户将实时查看话单的需求,分解成为了 VIP 用户监控功能和投诉用户追溯的功能,不仅合理地规避了技术上的瓶颈,客户也对这个解决方案非常满意,体验后该功能作为一个亮点功能,在多个外场进行了普及应用。

2.使客户在早期就参与到项目中

当软件组织转变到敏捷的时候,我们需要让我们的员工参与到培训中,向他们全面地介绍敏捷,在实践中帮助他们了解到不同的角色。如果可以,邀请客户或邀请主要股东以及那些将要参与到项目中的人来参加到这些正式的课程中。这样做的好处在于基于角色的培训可以帮助客户更加熟悉产品经理

(Product Owner)的期望和活动。项目股东也将开始理解敏捷的流程。

3. 从一开始就遵循 Scrum 流程

大多数项目都有一个初期的"探索"阶段,一旦 RFP(需求方案说明书)或者观念证据被接受,高级的需求被理解。这个阶段大致是一组组讨论,最终成为一份份文档。然而,如果项目以如下的敏捷方法为目标,如果这个"探索"阶段本身遵循敏捷流程,那将会带来极大的好处。这个方法就是利用短期的 Sprints,在每个 Sprint 结束后,进行 Sprint 的演示将会是客户需求的展现,同时通过实施组织来收集和理解客户需求。

这样做的好处将会有两部分:第一,这样会降低高级需求分歧的机会;第二,对于客户和实施团队,Scrum 方案从一开始就被正确地运用。

4. 要求实行 Sprint 演示

这里需要有如下几个技巧:第一,演示尽量不要包含过多的代码或设计,而应该向客户展示每个 Sprint 的最终成果,要聚焦于从客户的角度进行功能的演示。在演示的过程中,我们可以及时地发现功能实现是否符合客户的预期,如果发现偏差可以及时纠正,可以减少或缓解在项目晚期发生任何不必要的意外。第二,要邀请到客户(包括内部客户和外部客户),在时间上有很高的要求。我们大家都总是那么忙碌,演示时间的协调确实需要艺术的安排。要坚持不懈地定期邀请客户参与 Sprint 演示,让客户将参与演示加入到日常工作日程中,形成习惯。

此外,在演示的过程中,我们可能会意外地发现客户新兴趣的所在,为后续的项目扩展带来新的商机。

5. 获取正式的反馈

在 Sprint 演示后或者 Sprint 回顾会议后,邀请客户填写一个简单的反馈模板将会对项目带来帮助。

这样做的想法是让客户团队中拥有演示话题的所有成员分享在 Sprint 中他们认为什么功能是完成了的,它是否有被演示。正如演示影响 Scrum 团队的心理状态一样,如同在一轮轮的 Sprint 后,客户被问及在开发团队的反馈过程中需要客户承担一些责任。他们不得不参与、理解,以及知晓在 Sprint 中团队完成了什么,或者没有完成什么。正式的反馈也可以当作正式的签署,并且它可以为整个项目团队提供一份简单的参考。

　　总而言之,因为软件开发的世界正在适应新的方法学,将客户融入进来将会为我们带来最大的利益,帮助他们改变以及一同适应,从而取得更好的结果。

3.5.4　部门间的协作

　　众所周知,社会分工是人类社会商品经济发展的基础。社会分工促使不同组织的诞生,极大地提高了人类生产力和工作效率。

　　企业亦是社会分工的衍生品和受益者,精细化的社会分工极大地提高了企业效率,为企业带来丰厚的收益,而跨部门间协作效率决定了企业效率。

　　跨部门间协作在产品工作中发挥了至关重要的作用。产品一般经历需求收集、产品规划、产品研发、商用测试、产品运维等多个阶段,不同阶段的工作一般由独立的部门负责,部门间交互、衔接效率很大程度影响了产品工作的效率。

　　高效的跨部门间协作,可以使整个产品保质保量地如期或提前交付,起到事半功倍的作用;低效的跨部门间协作,会给产品工作带来额外的负担,给产品工作进度带来很大的不确定性和风险,最终可能导致产品无法如期交付。

3.5.5　跨部门协作关键要素

　　跨部门协作是指在目标实施过程各部门间的协调和配合(见图 3.5.1)。决定协作效率的两大因素是人(Person)和项目流程(Project Process)。人作为

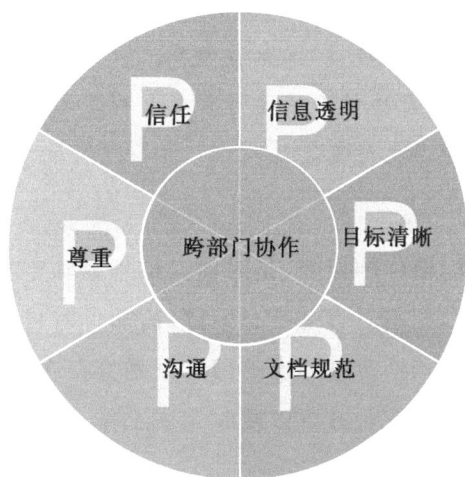

图 3.5.1　跨部门协作

感性生物,有自己的思想、观点、行为习惯,容易受到外界因素的影响,是协作中的不稳定因素;而清晰、规范、透明的项目流程可以为协作提供强有力的支撑,是协作总的可控因素。因此,若想提高跨部门协作的效率,一方面需要提高不稳定因素(人)的稳定性,另一方面加强可控因素(项目流程)的约束力。

3.5.5.1　提高不稳定因素(人)的稳定性三要素

人作为跨部门协作中的实施协作的直接主体,以下三个要素影响着人在协作过程中的稳定性。

1.尊重

相互尊重是跨部门协作的基础。尊重体现与别人交流过程中的语言和行为上。例如:

(1)与人沟通时,不要直呼其名,可称呼对方某某工。

(2)与人沟通时,不要打断他人讲话,尽量多保持倾听。

(3)与人沟通时,要做到对事不对人。讨论问题时,不要提及你、我等词语,容易造成误解。

(4)与人约定讨论后,务必在讨论前提前联系,提醒对方。

(5)开会前,务必把会议主题通知到相关人。

案例1:

对于售后总工、总监、产品线同事,一般称呼某总。

研发过程中的演示会议,会提前和干系人电话沟通确定时间,然后以邮件的形式正式通知干系人会议时间、地点和内容。

项目前期讨论需求,首次讨论主要听需求人描述需求,然后做出需求原型,发给需求提出人并进行再次讨论。

2.信任

充分信任是跨部门协作的保障,是对他人的理解和宽容。例如:

(1)当讨论问题时,相信对方是针对问题,而非针对自己。

(2)当讨论接口时,相信对方提出的困难是确实存在,而非推脱工作。

(3)当协同工作时,相信对方可以按时完成工作。

案例2:

2017年某个版本研发过程中,对于某一功能研发实现和需求提出人的算法不符合：实现方认为需求提出人修改了算法而未通知；而需求提出人认为实现方未理解算法。讨论气氛一度十分紧张，后来双方平心静气后，针对该问题进行共同讨论，发现之前沟通均存在问题，经过再次讨论后最终保证实现和需求一致。

3. 沟通

良好沟通是跨部门协作的桥梁。沟通的手段是多种多样的，如面对面沟通、电话沟通、邮件沟通、短信沟通等。在不同场合面对不同的对象，使用不同的沟通手段会起到事半功倍的效果。下面以特定场景为例，来说明沟通方式的重要性：

需求澄清：

当业务专家和软件专家进行需求讨论时，推荐使用面对面或者电话沟通的方式。需求讨论会涉及到很多领域知识，在双方对需求没有充分的共识前，特别是是初次讨论时，直接的沟通手段会减少不必要的信息误差，使双方更快地达成共识。

如果使用间接的沟通手段，如邮件、短信，很容易使双方产生误解，小则无法解释清楚需求，大则影响双方彼此的信任感，为以后协作埋下了定时炸弹。

案例 3：

在海外某高端运营商商用局，局方针对一个技术问题让做出澄清解释，该问题涉及到基站工具、网管、网优工具之间对接。多方专家在充分分析自身系统的同时，相互间充分沟通，从整体流程的角度分析问题，最终完美地解答局方的疑问。

3.5.5.2　加强可控因素（项目流程）的约束力三要素

项目流程在跨部门协作中主要起到了协调、沟通、约束的作用，使部门间能够在共同的目标下完成产品工作，主要有以下三个要素：

1. 目标清晰

目标清晰有利于跨部门协作时双方对于项目目标快速达成一致。

2. 文档规范

文档规范有利于跨部门协作时双方聚焦工作重点，避免因为歧义造成不必要的工作负担,使双方沟通更加高效。

3.信息透明

信息透明有利于跨部门协作时保证整个流程清晰顺畅,增强协作双方的信任感。那么,哪些信息需要透明?如何使这些信息变得透明?对于协作双方而言,最主要关注的是产品信息和产品进度。

(1)产品信息:主要包括产品开始、结束的时间点,产品交付目标,产品里程碑及目标,产品迭代列表,产品特性列表,产品特性工时。

(2)产品进度:主要包括产品当前所处的迭代周期,产品特性完成度。

信息传递最好采用自动周期推送的方式,一方面降低传递信息发生误差的概率,一方面使信息传递流程更加规范化,保持信息传递良好的节奏。

案例 4:

为了使外部门可以充分了解项目进展,部门通过自研 SWF 系统以邮件方式向不同群组推送信息。目前主要推送以下几类信息:

(1)需求进度:主要面向需求干系人,便于及早发现需求偏差。

(2)项目研发进度:主要面向产品交付干系人,使其了解产品研发进度,及早发现产品交付风险。

(3)外场故障:主要面向外场支持干系人,使其可以了解故障进展。

附录

附录1　名词术语

序号	名词术语	术语说明
1	敏捷	Scrum 是一种迭代式增量软件开发过程,通常用于敏捷软件开发
2	迭代	Sprint 迭代包括产生产品发布(稳定、可执行的产品版本)的全部开发活动以及使用该发布必需的所有其他外围元素。开发迭代是一次完整地经过所有工作流程(需求分析、设计、实施和测试工作流程)的过程。每一次的迭代都会产生一个可以发布的产品,这个产品是最终产品的一个子集
3	看板	也可称为卡片,其本质是在需要的时间、按需要的量对所需零部件发出生产指令的一种信息媒介体
4	版本	带有计划的编号的满足需求的可工作的软件
5	需求	用户向研发项目团队提供的描述需要完成的任务的描述说明,包含任务满足点的描述说明、应用场景、优先级、交付时间点、性能要求、约束要求等
6	故事	源于需求,为了分步实现需求,分析分解为相对易于独立实现的任务,包含标题、描述说明、优先级、演示步骤、验收准则、预估工作量等信息

附录 2　缩略语

序号	名词术语	术语说明
1	PO	Product Owner：产品所有者（或代表），对应网络优化项目团队中的产品经理
2	APO	Area Product Owner：领域产品所有者（或代表），对应网络优化项目团队中的子项目经理
3	SM	Scrum Manager：开发团队开发活动的组织者，对应网络优化项目团队的开发经理
4	BA	Business Analysit：需求业务分析师，负责需求分解和用户故事拆分以及开发实现过程需求澄清和验收完成的故事
5	CAP	Cooperative Agile Platform：企业敏捷管理平台，网络优化项目团队日常敏捷研发协作的电子管理平台
6	SWF	Smurf Workflow 蓝精灵工作流敏捷软件开发协作管理系统，支撑产品研发流程，包括需求规划、需求实例化、故事分解、迭代计划、故事开发、外部故障管理、版本发布和度量支持等功能
7	LMS	License Manager System：license 管理系统，可以制作产品用的 license 证书

参考文献

[1]（美）彼得·圣吉.第五项修炼[M].北京:中信出版社出版,2009.

[2]布鲁克斯(Frederick P. Brooks,Jr.).人月神话[M].北京:清华大学出版社,2002.

[3]（美）海史密斯(Highsmith,J.).敏捷项目管理[M].北京:机械工业出版社,2006.

[4]Gojko Adzic.实例化需求[M].北京:人民邮电出版社出版,2012.

[5]（美）西尔等.敏捷开发的艺术[M].北京:机械工业出版社出版,2009.

作者简介

图片	姓名	简介
	徐坤	从事软件研发及管理工作十余年,现任大数据研发部部长,毕业于西安电子科技大学计算机学院、北京大学光华管理学院,获得双硕士学位。在产品运营及研发组织管理方面有较多经验,曾带领团队完成多个产品的研发及运营,销售应用于全球各大市场,获得了很好的市场成功
	苏小勇	现任物联网产品项目经理。2000 年毕业于西安交通大学,参加工作后一直从事软件研发行业相关工作,参与和负责多个软件研发项目,亲历 20 多年软件行业的发展变化,对软件产品研发及运维有深刻的理解。2013 年开始兼任研发团队敏捷教练工作,负责项目敏捷研发流程改进和研发效率提升相关工作
	王燕	从事软件研发工作十余年,先后担任研发工程师、项目经理。毕业于西安电子科技大学通信工程学院,获硕士学位。在多个项目中实施敏捷开发,曾担任 Scrum 的产品负责人,对敏捷开发有深刻的理解
	陈敬真	2007 年开始从事软件研发工作,先后担任软件研发工程师,BA,SM,项目经理,产品经理等职务。2009 年开始接触敏捷研发,参与敏捷工具 SWF 开发,在项目研发中实践敏捷

图片	姓名	简介
	陈孝卫	2006 年开始从事大数据相关产品软件研发工作,先后担任过多个项目的 SM 和 APO,资深项目经理,有 6 年敏捷开发经验和敏捷团队项目管理经验,一直致力于提高团队敏捷开发能力
	陈叶	2011 年毕业于西北工业大学软件工程专业,一直从事软件开发、过程改进相关实践和研究工作,并将研究结果应用于工作实践中。同时具有 6 年以上的软件开发和过程改进经验,尤其在联合多个团队进行敏捷协作等工作上有突出表现
	陈逸	毕业于重庆邮电大学,计算机应用技术专业硕士。2009 年开始从事大数据相关产品软件研发,从 2011 年起参加敏捷项目的实践,现担任敏捷开发团队 SM,在持续改进敏捷过程、提升团队开发效率和版本质量方面较有经验
	刁影川	资深网优工具专家,从 2000 年开始从事大数据产品相关软件研发工作,历任软件开发工程师,系统工程师,项目经理和敏捷教练,有十多年的项目开发管理经验,同时也非常熟悉传统团队到敏捷团队的转型工作。过去十年间,把敏捷实践带入到各个团队。近几年更关注于多团队敏捷协同工作,与敏捷项目中的的各个角色一起合作实践,以实现上百人多团队的产品级敏捷

图片	姓名	简介
	范国田	现任大数据产品经理,有 10 年以上的软件项目研发和管理经验。从 2008 年开始接触敏捷研发,并在多个产品研发项目中进行实践。在 2011 年开始转型,将敏捷方法在产品交付和业务领域中与团队快速融合。2013 年开始担任产品经理,始终致力于将一线客户需求和研发持续交付紧密结合,将产品需求价值最大化。对大数据技术、人工智能和新能源等领域也有广泛的兴趣和涉猎
	范小丽	2011 年开始从事大数据产品相关软件研发工作,先后担任软件研发工程师,产品助理,UX 团队管理等职位,负责过传统通信设备产品和互联网产品的用户体验分析,需求分析,产品研发,产品交付等工作
	郭明侠	资深测试经理、质量主管及敏捷教练,具有 10 年以上的大数据产品项目的敏捷测试、质量分析量化经验。在测试方案设计、自动化测试、探索性测试、测试数据分析、个人工作绩效度量、质量事件预防与分析、软件质量度量等方面有深入研究及成果积累
	郭永平	敏捷转型专家,任职于大型通信设备公司,负责产品需求分析及需求实例化工作。2011 年开始接触敏捷开发,于 2014 年担任 SM 期间,在版本内部实践敏捷开发,从而有效应对版本不断变化的需求,提升了团队开发效率和版本质量
	何冬梅	计算机应用技术专业博士。在大型通信设备公司任职 16 年,曾担任软件研发工程师、系统工程师、敏捷开发团队 SM 和科长等职务,熟悉大型软件研发流程,具有丰富的项目管理和团队管理经验。曾带领研发团队多次荣获大数据产品"年度金牌团队奖"

图片	姓名	简介
	胡曼	2002 年毕业于武汉大学，目前从事地理信息测绘设计和 GIS 相关产品研发管理相关工作，现担任航空测绘副总工，2013 年取得由国家测绘地理信息局颁发的地理信息系统与地图制作专业高级工程师职称
	黄思婷	在 8 年的软件产品研发从业生涯中，先后参与了部门核心软件产品的开发、交付、需求分析和产品规划等多个研发流程，对产品级敏捷有着丰富的实践经验
	雷婷	2010 年开始参与敏捷项目开发，先后担任过软件开发工程师、BA、产品经理等相关职位，对项目级敏捷实践认识颇深，尤其关注产品需求分析、实例化、交付验收等环节，通过自己的探索和实践，为所在团队的产品交付效率和交付质量的提升做出了重大贡献
	李博	从事软件研发工作 10 余年，承担独立项目管理和行政管理等工作，有着丰富的团队管理经验，使用科学的方法管理团队，调动全员的工作热情，积极总结经验同时赋予实践并且获得了良好的效果。在多年的工作经验中不断完善对敏捷项目管理的理解，实践中总结出基于理论的可执行方案
	李胜华	资深外场交付经理和质量经理。具有多年外场交付管理、质量管理方面的经验。在实际的外场交付管理中，注重将敏捷引入团队管理实践中，大大提高了外场交付效率和质量

图片	姓名	简介
	刘兵	拥有 20 年软件开发经验和 10 年项目管理经验。自 2001 年开始从事大数据产品软件研发,现为资深项目经理,主要负责电信网络管理软件、大数据开发和项目管理工作
	刘仲军	现任大数据系统产品应用软件开发高级工程师,具备 5 年以上的软件项目管理经验。于 2011 年开始接触敏捷研发,并在多个项目中担任 SM 角色,进行了大量的敏捷实践活动,一直致力于在各种开发场景中灵活采用敏捷开发方法,快速交付可使用软件,提高团队敏捷实践能力及意识
	柳海辉	项目管理专家,资深敏捷专家。曾担任项目经理,敏捷教练等职务。2008 年开始接触敏捷并关注敏捷实践,担任版本组 SM,带领开发组项目研发过程转型,有效提升版本开发效率。2011 年担任部门敏捷教练,推进敏捷实践在部门推广。2013 年至今担任项目经理工作,重点关注敏捷研发过程优化,敏捷实践,版本交付周期由 2 个月逐步提高到 1 个月甚至 2 周
	罗东	敏捷开发和管理经验共 8 年,现担任多个项目的项目经理。软件产品研发管理过程中,注重版本的开发进度、开发质量和交付质量;对创新有极大的兴趣,在 AI 的浪潮下,带领团队开发出基于相关领域智能知识问答系统,有望将 AI 智能知识问答产品做成在领域内的领先者
	苏佳	从事无线通信软件产品研发工作 10 余年,2008 年开始学习敏捷研发管理,2009 年至今曾先后在多个项目研发过程中带领团队进行敏捷实践,有着丰富的敏捷项目实践经验。2013—2014 年负责敏捷过程管理系统 SWF 的研发

图片	姓名	简介
	苏梦	从事计算机软件设计开发以及需求分析工作超过 20 年。现为软件产品高级系统工程师,目前主要从事大数据相关的软件产品需求分析以及系统设计工作。2011 年起以敏捷方式进行软件开发实践,熟悉软件产品敏捷开发的主要模式和方法
	孙凯文	现任大数据产品经理,有 10 年以上的软件项目研发和管理经验。2007 年开始,结合公司项目带领团队进行敏捷实践,热衷于软件项目过程改进与思考创新,致力于产品需求价值最大化与交付闭环,所负责的产品在国内外市场均有广泛商用
	王连臣	资深系统工程师,2008 年毕业于电子科技大学,多次带领研发团队驻场开发,采用敏捷方法快速迭代和高频交付的方法,取得很好效果,积累很多敏捷开发经验。也是开源敏捷工具技术的积极倡导者,擅长 Java 开发和敏捷开发实践
	张立	资深项目经理,负责过多个全球化产品的研发管理和技术架构,具有丰富的管理经验以及架构实践经历。2009 年开始接触敏捷理念并学习敏捷相关技术,在项目中推动敏捷研发流程的实践和落地。目前本人关注区块链技术以及 GO 语言的发展,并从事相关研究
	周博	硕士研究生,高级讲师。主攻研究图书信息化建设领域,并在自研项目中熟练应用敏捷开发模式,效率得到明显提升。为本书写作过程中提供敏捷理论资料信息、素材和案例支持,有丰富的图书编著管理经验

图片	姓名	简介
	周丽	敏捷教练、资深测试经理和质量经理。2009 年开始接触敏捷方法并参与敏捷实践,参与过多个大型项目的敏捷实践,并转型为敏捷教练,致力于培养高产出的敏捷团队,改良和变革项目流程与模式,关注价值交付,包括部署敏捷方法,设计推行敏捷新工具,培养敏捷团队,指导测试转型和质量保证,度量敏捷过程效率
	周王飞	2003 年毕业于西安电子科技大学,参加工作后一直从事机载数据采集记录以及机载健康管理研发。目前作为项目总体负责人,承担着多型飞机机载大数据采集管理应用项目。热爱、熟悉敏捷开发,并取得一定成果。目前机载数据采集记录系统已在国内军机全面铺开应用,机载健康管理平台也应用于国内多型飞机